从声音到文字，分贝人类聆听

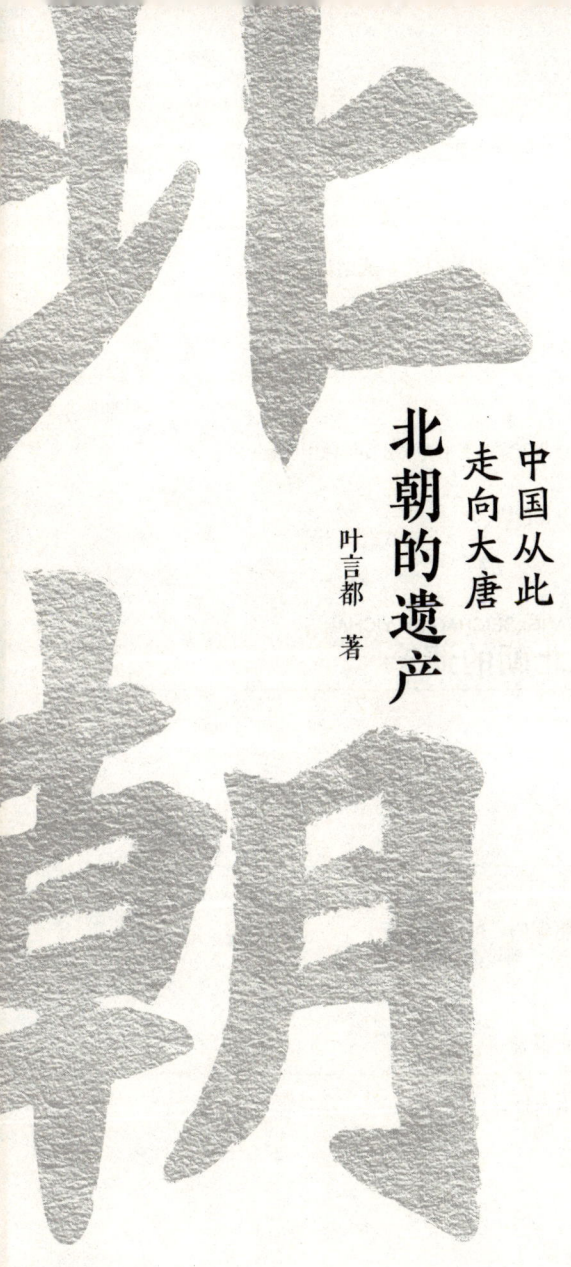

中国从此走向大唐

北朝的遗产

叶言都 著

天地出版社 | TIANDI PRESS

图书在版编目（CIP）数据

北朝的遗产/叶言都著．— 成都：天地出版社，2021.3（2021.10 重印）
（中国从此走向大唐）
ISBN 978-7-5455-6236-1

Ⅰ．①北⋯ Ⅱ．①叶⋯ Ⅲ．①中国历史—北朝时代—通俗读物 Ⅳ．①K239.209

中国版本图书馆CIP数据核字（2021）第009287号

版权所有©叶言都

本书版权经由时报文化出版公司授权北京华夏盛轩图书有限公司简体中文版委任安伯文化事业有限公司代理授权
非经书面同意，不得以任何形式任意重制、转载

著作权登记号：图进字21-2021-31

ZHONGGUO CONGCI ZOUXIANG DATANG: BEICHAO DE YICHAN

中国从此走向大唐：北朝的遗产

出 品 人	陈小雨　杨　政
作　　者	叶言都
责任编辑	魏姗姗
封面设计	水玉银文化
责任印制	董建臣

出版发行	天地出版社
	（成都市槐树街2号　邮政编码：610014）
	（北京市方庄芳群园3区3号　邮政编码：100078）
网　　址	http://www.tiandiph.com
电子邮箱	tianditg@163.com
经　　销	新华文轩出版传媒股份有限公司

印　　刷	北京文昌阁彩色印刷有限责任公司
版　　次	2021年3月第1版
印　　次	2021年10月第2次印刷
开　　本	880mm×1230mm　1/32
印　　张	7.5
字　　数	150千字
定　　价	45.00元
书　　号	ISBN 978-7-5455-6236-1

版权所有◆违者必究

咨询电话：(028) 87734639（总编室）
购书热线：(010) 67693207（营销中心）

如有印装错误，请与本社联系调换。

导读
看北朝天下如何起风云

陈识仁　台湾辅仁大学历史学系副教授兼系主任

　　魏晋南北朝，中国历史上著名的大分裂时代，人们对其印象多半与战乱、落后、黑暗、"野蛮胡族"等负面评价有关。也因为如此，一般人对它的了解，除了三国那一段之外，往往不如汉唐盛世或明清帝国深刻，并且也没有多大的兴趣。

　　这是一个价值重整与制度重建的时代。当时的人们，不论帝王或世族，总在步履蹒跚中摸索着未来可行的道路。魏晋，历经的是儒家道德失序后社会核心价值重整的时代，随后的南北朝，则因为北方游牧民族带来的强大动力与活力，为瓦解后的汉帝国重构了各种制度以因应局势的需求。由此可见，在这乱世之中，处处充满着引爆各种可能性的巨大力量。

　　现在，摆在读者眼前，由叶言都老师畅谈南北朝的这两册普及读物里，他要说的，正是这个时代的后半段。他将带领读者，当个穿越时空的旅人，俯瞰那个令人惊心、惊异又惊艳的时代。我相信在叶老师渊博的知识与说书人般的生动口吻下，一定能为读者带来一场精彩的南北朝飨宴。只是，在启程之前，且容我权充领队，先以这篇导读向读者们介绍北朝的重要大势。

始与终

公元420年，出身北府军团将领的刘裕，结束南方的东晋国祚，创立国号为"宋"的新王朝。大约二十年后（439年），鲜卑拓跋族人所建立的"魏"国，在拓跋焘的领导下，结束了长达百余年的十六国乱局，统一北方。南北双方在相当接近的时间里，各自终结旧时代，成立新王朝，并揭开对峙竞争的局面，此即中国历史上的"南北朝"时代。直到公元589年，隋文帝灭陈，天下再度统一为止。

拓跋崛起

鲜卑，是一个很广泛的民族称呼，它主要在今日的辽东以北到大兴安岭一带活动。若依照活动的地域区分，最先出现在汉人文献记载里的是东部鲜卑，他们与一支被称为乌桓的民族都曾被强大的匈奴役使，称为"东胡"。后来历史上常见的段部、宇文部、慕容部，即属东胡后裔。

匈奴势衰之后，草原上的民族发生过大规模的移动，据说慕容部有兄弟争吵，哥哥忿而率众离开旧居地，远徙到今日青海东部一带，即吐谷浑。另外，十六国当中，建立西秦的乞伏部以及南凉的秃发部，分别在今天的甘肃榆中、青海西宁附近活动，这是西部鲜卑。

至于原本居住在大兴安岭一带，历经数代人迁徙，最后活跃于今日内蒙古与山西交界一带，先后建立代国与北魏王朝的拓跋部，可称为北部鲜卑。拓跋人在史籍中出现的时间最晚，但成就最大，甚至奠定了日后隋唐帝国的制度基础。有日本学者从中亚、北亚的角度出发，将北魏、北齐、北周、隋、唐这一系列王朝称为"拓跋国家"。它们在历史上的影响极为深远，说明拓跋部确实是后起之秀。

孝文汉化

北魏的汉化并不始于孝文帝，但孝文帝确实在中国历史上以推动全盘汉化而知名。如果要形容北魏一个半世纪（386—534年）以来的文化选择——究竟要保持本族文化，还是学习汉文化——这一路走来，真可说是跌跌撞撞，不怎么顺利。

好不容易，孝文帝以过人的意志力推动全面汉化，不仅当时就遇上像元丕父子这样的公开反对者，甚至还牵扯到太子元恂的谋反事件。也有人认为，孝文帝全面汉化后不到半个世纪即分裂的历史事实，说明对拓跋人而言，抛弃本族文化是一段煎熬的历程，其汉化也就不能简单地定调为一场成功的改革。

其实，早在拓跋珪的时代实施"离散诸部"时，就反映出拓跋族人必须在十字路口做出抉择——要继续当松散的草原部落联盟领袖，还是要建立一个皇权集中、能号令天下的国家？此间的取舍，恐怕是历史上所有非汉民族进驻中原地区后都要面临的问题。

东西之争

孝文帝汉化与迁都洛阳的行动，导致南方以洛阳为中心的汉化（文）集团与北方以六镇为代表的胡化（武）集团的对立，形成"一个北魏，两个世界"。六镇之乱最终还是在内部的矛盾激化下揭开了，日后尔朱荣集团虽然暂时平定了动乱，但他显然没有能力解决问题，权力分别落在已经胡化的高欢与汉化的宇文泰手中，帝国从此一分为二。

东、西魏分裂之初，不论国土、军事、经济或人才，东魏的高欢所掌握的资源，都远远超过西魏的宇文泰。如果摊开当时的国际形势图，你会发现国力寡弱的西魏，被东魏、突厥、吐谷浑、南梁等几大政治势力包夹，当时的人说"齐（指东魏）谓兼并有余，周（指西魏）则自守不足"，西魏真可谓在风雨飘摇之中。

然则，历史的结局，却是不被看好的北周并灭了北齐，仿佛今日观赏球赛时所说的"大逆转"。乍看之下，似乎比小说更加富有戏剧性，但若静心探究，则不难体察出其中的发展轨迹。

高欢从尔朱集团手中接收了绝大部分的北镇军人，这群仇视汉人的武人，同时也是一股反汉化的势力。高欢并非不知道国内存在严重的胡汉矛盾问题，他曾请人分别向鲜卑人及汉人说明双方互补的必要性，动之以情、晓之以理，试图缓解彼此矛盾，但从事后的发展来看，显然成效不彰。

现代启示

周一良先生用"大鲜卑主义"形容弥漫在东魏朝野的时代气氛，代魏建齐的高洋及其继任者，不但无法化解矛盾，皇室的动荡与政治的黑暗，甚至使局势更加恶化。

反观西魏，最初只靠三股势力支撑：随宇文泰进入关中的北镇军人、关陇河东地区的土著豪族、随孝武帝西奔入关的魏帝残余势力。但人数都不多，力量寡少，加上前述极为险峻的国际形势，领导人宇文泰势必得设法壮大自己。

他不像高欢用上浪费唇舌的温情攻势，而是采取建立制度的方法，弭平彼此间的差异性，进而强化认同感。例如，以府兵制度为中心，外层裹以政治号召与文化政策，后续通过几次改良修正，把三股势力不分胡汉地结合成一个关系紧密、认同关陇本地的军事指挥与政治统治集团。陈寅恪称此为"关中本位政策"，形成的政治集团势力即为"关陇集团"，其影响直到隋唐时代。

随着南北朝走入历史的尾声，北方有西魏、北周通过制度抟聚认同，不断壮大自我力量；南方则可看到平流进取的门阀子弟，欠缺磨炼而快速腐化。这两者之间可有共通之处？竞争压力的有无与改革动力的强弱，可否作为我们神游南北朝历史归来后的现代启示呢？

北朝的大势既如上述，其间的细节与故事又是怎样的呢？这就要请叶老师用其生动的笔法，带领各位来一趟深度的北朝历史之旅了。

自　序

这部书的内容是对中国南北朝历史的普及性叙述，著作目的是提供普及性的南北朝历史给社会大众，并推广历史书写的普及化，构想是效法观光事业，将了解南北朝历史视为一次专题旅游。我愿借这部书将自己过去接触这段历史的经验与感想提供出来，尝试以导游的身份，陪同诸位读者回到将近一千六百年以前，走一趟南北朝的历史之旅。

我们生活在四度空间中，时间是第四度空间。有了时间这个维度，我们可以从现在向前方眺望，想象以后的状况，想出的就是科幻；我们也可以从现在向后方眺望，观察从前的状况，看到的就是历史。

人在实质的旅游中，身体会移动到不同的地理位置，亦即在三度空间中向他方转移，去接触自己感兴趣的地方。人的心智也可以在第四度空间中向后方转移，移动到以往的某个时间位置，去接触自己感兴趣的历史。这种心智的活动，其探访的意义等同实质的旅游，可以称为"历史旅游"。这部书就是以历史旅游观点写出的南北朝历史书，若称为"南北朝历史旅游导览"亦无不可。

写这部书以来,我一直努力把握它的内容与风格,希望采用较为宽广的角度,放大对南北朝历史的视野,在"宏观历史"的概念下,不汲汲于对一人、一物细节的描述,而是为社会大众提供对那段时期的整体概念性理解。我认为这是中国目前缺乏的,其他中文地区也类似。南北朝史事纷纭,这部书并不追求全面性的涵盖,仅愿先提供必要的记载原文,作为资料来源的见证,然后从宏观视角考察,以普及历史的笔法发挥,就事论事,对当时影响重大的关键深入分析,为有志进一步探索南北朝史的人提供一条入门途径。

任何后代人写的历史书,必然受到作者背景与先入为主观念的影响;然而也就因为如此,历史才能一再被重新诠释,重新发现。太史公司马迁因此以"成一家之言"为职志,著作《史记》;意大利史家克罗齐(Benedetto Croce, 1866—1952)也因此有"一切真历史皆当代史"的名言。我热爱历史,也热爱文学,曾习作中国古典诗词,写作这部书时,为追求历史的厚度,会引用古代诗家词人的相关作品,都注明作者;然而如此一段时间深深浸沉于南北朝历史的情境下,写作之际,有时竟会有某些符合古典诗词章法的只句片语突然在我脑海中浮现,当即记下,再加以连缀完整,就是各章最前面的诗词。于是这部书的各个段落,成为以我习作的诗词开篇,居然有些古典说书的风格,也算历代史家先贤著述的各种南北朝史书之外的另一种叙述方式吧。

时间是延续的，历史是延续的，面对这种不断延续的特性，接触历史时不妨先进行宏观的历史探访，再深入研究符合自己志趣的各个历史单元。然而值此网络文化涵盖一切的时代，普及历史的叙述呈现碎片化，以致社会大众视接触历史为猎奇，得到的碎片知识就以为谈资，还不见得是真实的，这是历史教育与历史传播的危机，也是历史的危机，应该得到重视，史学界也有义务提供解决的方法。

中国南北朝的历史特色鲜明，意义重大，值得进行普及式的历史旅游，更不应被碎片化、猎奇化、谈资化，我因此敢于不揣简陋，抱着提供南北朝历史旅游基本资讯的心愿，将这部兼具宏观性与重点性的南北朝历史书以现有的面貌，呈现于诸位读者面前。

叶言都
2019 年 7 月

目 录

楔 子 001

北朝风貌概述 005
   北朝（439—581 年）//007

第一章 今朝跃马中原者，当日嘎仙洞里人——北魏前期 015
   来自中国东北的力量 //017
   鲜卑拓跋氏之崛起 //020
   北魏皇室特色 //022
   北魏前期的胡汉关系 //031
   汉人世族与北魏政权的恩怨情仇 //035
   北魏前期的宗教激荡：太武帝灭佛 //039
   北魏与其他胡族 //041

第二章 一场用国家民族下注的豪赌
   ——北魏孝文帝的汉化运动 043
   北魏前期的汉化 //046
   深入北魏孝文帝的内心 //053

迁都洛阳 //056

　　孝文帝的南征与逝世 //066

　　孝文帝汉化的意义与影响 //068

第三章　绮丽对质朴，文野起冲突——北魏的分裂与内乱 071

　　凉风起天末：孝文帝的家务问题 //073

　　南迁、汉化与北魏衰落 //076

　　孝文帝的遗泽与遗祸 //079

　　北魏后期诸帝 //082

　　六镇之变 //089

　　河北民变 //092

　　河阴之变与尔朱氏专权 //093

　　高欢崛起与北魏结束 //095

第四章　种麦炙猪存要术，搴裙纵马饮酪浆
　　　　——北朝生活面面观 097

　　理解北朝生活的几个角度与脉络 //099

　　洛阳市的社区分化与分工 //108

　　南朝投降高层人士的洛阳生活 //110

　　北魏官员的待遇与福利 //115

　　北朝基层人民生活 //116

第五章　净土禅宗石窟寺，水经家训木兰辞
　　　　——粗犷平实的北朝文化 127

　　北朝学术 //129

　　北朝宗教 //130

北朝文学 //138

北朝书法与魏碑 //141

石窟寺艺术 //143

北朝历史文献 //149

第六章　合久必分，分久必合，一元复始，万象更新
　　　　——北朝终篇 161

晋阳已陷休回顾，疯狂残暴几君王：狂乱皇朝北齐 //164

终于等到胡汉融合：西魏、北周关陇集团的形成与兴起 //188

西风压倒东风，北风压倒南风：南北朝终局 //205

后　　记 213
附录一　参考资料 217
附录二　南北朝历史大事年表 219

楔　子

历史上曾经有一段持续170年的时间，中国分裂为两半，一南一北，各据一方，互相对立。它们各自统一了传统中国一半的领域，却都无法征服对方，将全部中华江山置于版图之中，这段时期就称为"南北朝"。两方水土养成两方人，时间久了，住惯南方或北方环境的两批人，都发展出属于自己的独特文化，在中国的大地上并存。那个时代，曾出现过这样的情景：

这边，北魏孝文帝发布命令，规定以后大家在朝堂上都要说汉语；杨白花将军从北魏的南方前线向南眺望，他有一个不得已的决定，已经下定决心执行；颜之推将家里的子弟聚集一堂，教导这些年轻人怎样在胡人政权下做官；贾思勰满脑子都是和面、揉面，他的《齐民要术》已经写到第八十二章《饼法》，就快写完了；而甘肃天水的麦积山上，一位长裙曳地、雍容华贵的大周三品官夫人正带着一群侍女，走进一座满墙佛画的石窟还愿……

那边，梁武帝不理会群臣劝阻，动身前往同泰寺舍身，这是第三次了；吴明彻将军正在一艘战船上指挥攻击属于北齐的寿阳城，乘船攻城是他的独门战法；谢灵运则得意地带着几百个随从，用他发明的特殊技巧登山，还不时吟上几句诗；陶弘景仍在油灯下挥笔疾书，为快要完成的《本草经集注》再添加一些自己发现的药；而江南水乡泽国的弯曲河汊中，一位裤褶被春水溅湿的年轻采菱姑娘展开娇美的歌喉，曼声轻唱《子夜歌》……

南方气候温和湿润，草木茂盛，物产丰富，鱼羹稻饭足以温饱，又有长江天险，得以长期立国，也相对较为安定。南朝在这种条件下立国江南，发展出以精致优美著称的文化，充满浪漫乃至颓废的气息。

实际控制这优美之地的是世族。南朝是世族发展的高峰，南朝的政治、经济、社会与文化被世家大族全面控制，成为中国自周朝以后极少数近似贵族社会的时代。相对地，南朝的皇室则常因出身门第不高，显得欠缺教养。既然政治格局已定，少有发展空间，很多年轻的皇帝便成为带着世纪末色彩的放纵者，在颓废中狂乱享乐。

宗教与思想发达是南朝的另一特色。"南朝四百八十寺，多少楼台烟雨中"是唐代大诗人杜牧的名句，其实南朝香烟纷纷，钟鼓处处，何止四百八十寺？南朝曾有过举国家之力以崇佛的皇帝，所以中国佛教的发展过程中，南朝具有关键地位。面对佛教大举传播，孔子的"未知生，焉知死？"已不足以应付，南朝的儒家学者遂不得不起而应变，于是出现了儒家对"神"的看法与解释，独步中国。

这样一个时代与它在烟雨楼台中精致优美的景色、深刻思辨还带着一些浪漫颓废的社会情绪，值得一趟历史旅程，且让我们开始一次历史的探访之旅，进入《中国从此走向大唐：南朝的遗产》，亲近它纤柔绮靡的芳容。

华北连接塞外，地理上以小麦为主的农业地区紧邻草原上肉食为主的游牧地区，胡人与汉人频繁接触，影响所及，此地的文化长期受到胡风感染。北朝文化因此开阔宏大，朴素粗犷，表现在石碑上，就是字字方正，笔画分明。在此种文化下孕育出的三长制、均田制、府兵制等，都成为中国传统的一部分，影响深远。

北朝的统治者或出自塞北的鲜卑族，或与鲜卑族有着密切的关系，因此北朝时期始终存在着程度不同的鲜卑文化，当然也存在着鲜卑文化与汉文化之间的矛盾与融合问题。鲜卑族文化传统对北朝的政治、军事、经济以及典章制度都有深刻的影响。鲜卑文化与汉文化交会的结果，使北朝文化独具特色。北朝的汉人世家大族面对异族政权，特别恪守家风，强调家学的传承；反而是北朝的女性受到游牧民族社会风气的影响，担责任事，大胆热情。

北朝对中原地区的长久统治，带来了黄河流域民族大融合，在中国历史上从无前例。汉族虽被统治，北方诸族却逐渐被汉族同化，最终融合成为同一民族。南北朝长期分裂与北方长期被外族统治，为中国注入新血液，增添新气质，奠定下一轮发展的基础,是中国历史进程中不可缺少的环节。

这样一个时代,与它在铁马金戈中粗犷宏大又带着质朴直爽的景色值得一趟历史的旅行,且让我们开始另一次历史探访之旅,进入《中国从此走向大唐:北朝的遗产》,亲睹它实事求是、未脱草原风的样貌。

正是:

铁马金戈跨猎雕,杏花烟雨步虹桥。
二分天下兴亡事,看了南朝看北朝。

北朝风貌概述

人们对北朝的印象似乎不若南朝那样鲜明，即使在唐朝诗人笔下，以北朝为题材的诗作也难得一见，少数作品如李商隐的《北齐二首》是咏特定史事，尚不足以显示北朝的整体风貌。然而我们如果因此就认为北朝面目模糊，少有值得探访之处，那就会失去许多独特的历史风光。北朝，值得探访，既然唐诗里留下的不多，那就让北朝人自己来说吧。请读读这几首北朝的诗，暂时不去理会诗中的典故，只是嗅一嗅北朝的丝丝气息，先隐约感受北朝是怎样的时代：

咏宝剑诗

北魏　崔鸿

宝剑出昆吾，龟龙夹采珠。

五精初献术，千户竟论都。

匣气冲牛斗，山形转鹿卢，

欲知天下贵，持此问风胡。

白鼻䭾

北魏　温子升

少年多好事，揽辔向西都。
相逢狭斜路，驻马诣当垆。

高平牧马诗

北魏、西魏　董绍

走马山之阿，马渴饮黄河。
宁谓胡关下，复闻楚客歌。

悲平城诗

南齐投奔北魏　王肃

悲平城，驱马入云中。
阴山常晦雪，荒松无罢风。

带着从这些北朝诗染上的雄壮与苍凉，现在，让我们开始回到北朝的世界，在六个不同的领域里探访北朝。我们将沿着北魏的兴起、变化、衰乱、分裂……一路探访下去，再进入北朝生活与文化的领域，最后比较北朝末年东西双方明显的差异，说明北朝与南北朝终告结束，中国复归统一的原因。

北朝的历史探访之旅即将展开，现在做一些行前预备性的整体说明。

北朝（439—581年）

中国历史上南北朝分裂时期北方王朝的总称，包括北魏、东魏、西魏、北齐、北周五个王朝，与南朝对峙并存。北朝一般从北魏太武帝拓跋焘统一北方（439年）算起，至杨坚篡北周建立隋朝（581年）为止，历时143年。北朝与南方几乎同时存在的宋、齐、梁、陈四朝合称"南北朝"。

北魏（386—534年）

北朝的第一个政权，由鲜卑族的拓跋珪所建，国号为"魏"。为与中国历史上其他以魏为国号的政权有所区分，史称"北魏"。初年定都平城①，439年统一北方，493年在孝文帝拓跋宏的决策下迁都洛阳，皇帝也改姓"元"。

534年北魏分裂，在国家的东部与西部各出现一个政权，争战不休。分裂的双方都自命正统，也都仍使用"魏"为国号，史称"东魏"与"西魏"。东魏于550年被汉族权臣高洋篡位，高洋建立齐帝国，史称"北齐"，以与南齐有所区分；西魏于557年被鲜卑族权臣宇文护、宇文觉篡位，宇文氏建立周帝国，史称"北周"，北魏至此全面结束。

东魏（534—550年）

北魏分裂产生的政权之一，据有北魏原来领土的东部，与

---

① 今山西大同。

据有北魏原来领土西部的西魏政权对立。东魏唯一的皇帝系由鲜卑化的汉人权臣高欢拥立，建都邺城[1]，高欢"大丞相府"所在地的晋阳[2]为其别都。

西魏（535—557年）

北魏分裂产生的政权之一，据有北魏原来领土的西部，与据有北魏原来领土东部的东魏政权对立。西魏系由鲜卑人宇文泰拥立另一位北魏皇族称帝所建，定都长安[3]。

北齐（550—577年）

北朝后期分裂时代位于北方东部的政权。550年由高洋篡东魏建立，都于邺城，以晋阳为别都。因皇室姓高，又称"高齐"。577年被北周灭亡。

北周（557—581年）

北朝后期分裂时代位于北方西部的政权。557年由鲜卑人宇文护、宇文觉篡西魏建立，都于长安。577年攻灭北齐，581年被汉人权臣杨坚篡位而灭亡，杨坚建立隋朝，至此北朝结束。

北朝的基本领土来自北魏原有的地盘，加上北魏消灭"五胡十六国"中最后几个国家所取得的土地，辖有中国北方，大

---

[1] 今河北临漳。
[2] 今山西太原。
[3] 今陕西西安。

约即秦岭、淮河以北的地区，淮河与长江之间则是北朝与南朝拉锯争夺的区域。北朝的领土随着势力的扩大而逐渐增加，西魏时取得今四川、湖北等地，造成南北朝后期北朝领土大于南朝不少的状况。由于创建北魏的鲜卑族最早居住于今西伯利亚东部、大兴安岭一带，故北魏对中国东北地区也颇具影响力。

北朝是由五胡之一的鲜卑族，或与鲜卑族有密切关系的汉族在北方建立的一系列政权，鲜卑族的影响力始终存在，故北朝各代实为汉族与鲜卑族共同建立的国家。在这种政治体制下，北方的血统、社会与文化注入以鲜卑为主的胡人新血，展现出与南朝迥然不同的风貌，共同存在于当时的中国大地上。

东汉帝国崩溃后，中国动乱分裂四百年，最后收拾数百年乱局，再造中华帝国的力量来自北朝。北朝创立新制度，产生新力量，到它的直接继承者隋唐时代发扬光大，终于能重现中国盛世。北朝是隋唐的先驱者，孕育出中国的新生命，在中国历史文化中地位显著，形象鲜明。

五胡十六国与北朝人口变化

自从西晋末年以来，中国进入南北分立与对抗的时期，将近三百年。这段时间如此之长，表示双方长期势均力敌，也都有内部的问题与局限，力量起伏不定，才导致双方皆无法在短期内消灭对方。由于古代人口是最重要的国力指标，此种状况可由人口的变动看出。就北方而言，中国黄河以北地区自从东汉中期以来就住有胡人，呈现汉、胡杂居状态，故论及北朝人口，必须胡人、汉人兼顾，还要注意其消长变化，因为五胡十六国时期双方曾发生过大规模的冲突，杀人无数，导致双方都有人口的大量损失。依照邹纪万在《中国通史魏晋南北朝史》中归纳的历代史书资料，可得出当时北方人口的变动大致如表格所述：

年　代	西晋、五胡十六国至北朝时期北方人口概数变化
265年（西晋建国）	汉族537万（不含吴，官方数字推算，有缺漏）
280年（西晋灭吴统一中国）	汉族1131万（全国，官方数字推算，有缺漏）
300年（八王之乱转趋严重前）	汉族2365万（全国，官方数字推算）
316年（西晋灭亡）	汉族935万、胡族870万（西晋后期大动乱）
349年（后赵屠杀汉人后）	汉族500万、胡族600万（五胡十六国前期）
376年（冉闵屠杀胡人25年后）	汉族1900万、胡族500万（胡族人口增长速度被冉闵屠胡减缓，胡人不敢全征汉人作战，汉族死亡减少，人口恢复）
520年（北魏孝文帝改革后）	汉族3000万、汉胡混血640万、鲜卑等胡族600万
581年（隋文帝篡北周建国）	汉族3500万、汉胡混血500万、鲜卑等胡族120万（北方长期东西大战，胡族人口大减）

从人口的角度观察，当时北方人口数字的变化甚大，原因在于北方的战争与动乱远较南方剧烈且普遍，又持续甚久。西晋灭亡，五胡十六国开始时，北方汉族人口由于在八王之乱中损失惨重，还有部分南迁，竟变成仅略多于胡族！五胡十六国前期民族仇杀严重，先是后赵皇帝石勒等胡人对汉人大肆虐杀，

其后汉人在冉闵号召下,对胡人展开了报复性的大屠杀;除此之外,胡人各族间也会彼此残杀,导致各族人口都大量损失。直到北魏统一北方,北朝开始后,北方渐渐安定下来,人口才能稳定增长。北魏孝文帝大力推动汉化以后,胡汉通婚增多,也使北朝出现混血人口,而且数量不断增加。到北朝后期,北魏陷入内乱,接着北方东西分裂,战争不断,由于胡人从军服役者多,造成北朝末期胡族与胡汉混血人口下降,这未尝不是汉人杨坚终于能够在北方建立隋朝,当上皇帝的原因之一。

北朝历史的性格从人口的变动可以窥见。当南朝山明水秀中的烟雨楼台边杏花绽放、酒旗飘摇之际,北朝开阔平野中的铁马金戈正以勇武质朴的精神冲锋陷阵,喋血作战。鲜卑歌谣中有一种《企喻歌》,素以质朴、刚猛、激烈著称,正足以代表北朝的面貌,今选录两首:

企喻歌 四曲选二

北朝 佚名

其一

男儿欲作健,结伴不须多。

鹞子经天飞,群雀两向波。

(译:男儿要做壮士,结伴不必多。鹞鹰冲天飞,大群小鸟波浪般散向两旁。)

其四

男儿可怜虫,出门怀死忧。

尸丧狭谷中，白骨无人收。（此诗意简，不译）

这首一千五百年前的北朝鲜卑民歌，直白到不需要翻译。

历史长河的流动必然有其或浮或潜的原因，北朝非但不例外，还有其特殊之处。当北朝朦胧的轮廓渐渐出现在我们面前，接下来就有几条线索，诸如"北朝的开创者是谁？""为什么北朝会由他在这个时间点开创？"等，我们必须先行掌握，才能将北朝看得更清楚。至于北朝历史进程的大致状况，已在前述介绍北朝各代时说明。

中国北方到西晋末年时一片大乱，形成最为纷扰不安的五胡十六国时期（304—439）。"五胡"即匈奴、羯、鲜卑、氐、羌五个民族，用以代表汉族以外当时在中国北方居住与活动的各种民族。实际上，五胡十六国时期中国北方人口中还包含汉人、丁零人、卢水胡与匈奴人铁弗部①等民族，可谓民族大熔炉，而其杂与乱也可以想见。

在这许多种胡人中，鲜卑族最后能脱颖而出，统一北方，建立北朝，自然有其原因，这就应该从鲜卑族早期的历史开始说起。

鲜卑族的崛起

鲜卑族列属"五胡"之一，是古代"东胡"的一支，世居鲜卑山②。秦时役属于匈奴，西汉时期向西南迁移至今天内蒙古

---

① 鲜卑、乌桓与匈奴混血后代。
② 今大兴安岭山脉。

东部的达赉诺尔、西拉木伦河①流域以及大泽（呼伦贝尔高原的呼伦池）一带。东汉初年，继续南迁。

此时鲜卑族仍然依附于匈奴之下，逐渐徙居到长城以北，又有一批转而向西，到达青海柴达木盆地等地区，可见其分布之广与适应力之强。汉代匈奴因为与汉朝连年作战，损失惨重，势力渐渐衰落，鲜卑乘机取而代之，据有匈奴旧日的土地。东汉时匈奴灭亡，更给了鲜卑族非常好的发展机会。中国进入魏晋时期以后，内部动乱，鲜卑族则已逐渐发展成中国北方最强大的胡人民族。不久中原发生八王之乱，随即进入五胡十六国到南北朝的大分裂时期。长期的乱局成为鲜卑族的机会，他们得以崭露头角，在历史舞台更上一层楼。

五胡十六国时期各族混战，杀戮残酷又持续不绝，故胡族中越早加入战局的损失越大。"五胡"中的四族匈奴、羯、氐、羌因加入战局较早，都损失惨重，大批士兵战死沙场，一般人民惨遭敌人屠城、灭族，最后几乎都告灭绝，残余人口也或被广大的汉族同化，或融入附近的其他民族。唯有鲜卑族因居住地偏远，进入长城以南也最晚，又未曾深入中原，故在大混战中损失最轻，受到的影响最小。

338年鲜卑族部落领袖拓跋什翼犍在今河套地区建立国家，国号为"代"，统治今内蒙古中南部、山西北部，鲜卑族才由部落形态转变为国家形式。到376年，前秦强盛，皇帝苻坚出

---

① 辽河上游支流。

兵攻击代国，拓跋什翼犍兵败，奔逃时被杀，代国灭亡。虽然如此，但剩余的鲜卑人得地利之便，迅速逃回东蒙古草原老家，并未被全部歼灭。此后苻坚的注意力转向南方，前秦于383年对东晋发动淝水之战，却在失败后迅速瓦解。386年，鲜卑新领袖拓跋珪回到山西北部，重建代国，同年改国号为"魏"，史称"北魏"。

拓跋珪刚建立北魏时势力甚为微弱，但作为拓跋家族在代国灭亡时的幸存者，生于忧患使他作战勇敢，也善于权谋，终于立定脚跟，打下北魏的基础。北魏建国时正值五胡十六国后期，这个鲜卑族的国家乘其他各族力量大量耗损之际异军突起，以五十余年的时间东征西讨，扩展地盘，从小国变大国，从弱国变强国，三十多年以后成为北方乱局中的独强，随即灭亡剩下的胡夏（431年）、北燕（436年）、北凉（439年）、后仇池（443年）各国，顺利统一中国北方的大地，中国也从此进入南北朝时期。当时鲜卑族的领袖不见得了解"卞庄刺虎"的典故，但历史机运赋予他们"后发"的优势，符合等待"二虎相斗，弱者死，壮者伤，一举而杀二虎"的战略原则，他们也能善加利用，终于成功。于是，北朝开始。

以上是北朝历史的大致轮廓。如此的北朝，这个粗莽朴素、刚健宏大的时代，中国历史上的异类，绝对值得我们的一次探访之旅。

第一章

今朝跃马中原者,当日嘎仙洞里人
——北魏前期

少年游

鲜卑岭下几年春,牧马竞扬尘。

嘎仙洞里,呼伦池畔,拓跋自为尊。

中原逐鹿开新纪,建国扫群伦。

瓜步临江,云冈造像,大魏起风云。

北朝由传统中国领域以外的一个民族所建，还持续统治半个中国一百多年，毋宁是件奇怪的事。古代中国疆域沿边的各个民族，若论人口，比汉族少很多；若论经济力，无法与汉族的大片农业地区出产相比；若论文化，有很多连文字都没有的部落，更不及高度发展的汉族国家；何况这些民族间，甚至同族内各部落间也在对立相争，力量往往互相抵消。然而北魏居然能从五胡十六国中脱颖而出，完成了这个几近不可能的任务，不禁使人深感兴趣。我们探访北朝，就从这里开始。

来自中国东北的力量

中国古代沿边的民族虽多，但真正能够征服全国，或至少长期领有部分传统地区的却很少。这样的民族显然必须具备强悍的武力，而农业地区也必须对他们具有致命的吸引力，才会让他们不顾性命地拼搏入侵。在中国历史上，具有这种能力与企图心的民族来自三个地区：正北的蒙古高原、东北的东蒙草原与山岳森林大河区，以及西方的青藏高原。三者之中，早期以来自正北方的力量最强，对中原的威胁也最大，从战国到秦、汉时的匈奴是其代表。随着时间的流逝，形势渐渐发生变化，来自东北的民族力量增强，在中国历史舞台上的角色日趋重要，甚至最后超越来自正北的蒙古高原部族。二者变化的分水岭，就是鲜卑族入主中原，建立北魏。

北魏长期统治黄河流域，形成北朝，代表从此以后，来自东北的少数民族开始在中国历史上占有一席重要地位，为中国历史带来重要影响。于是，一连串的问题浮现：鲜卑族为何能完成这种任务？北魏的建立对汉族与鲜卑族双方造成何种冲击？带来何种影响？北魏深刻影响中国后，其本身又发生何种变化？这些都有待我们在这趟历史的旅程中探索答案。

要回答这些问题，应从鲜卑族在中国历史上的地位说起。

鲜卑族是中国古代历史上第一个占有半个中国，并建立王朝持续统治的北方少数民族，也是中国古代历史上唯一经历从大森林开始，走过大草原，再进到大片农业地区，入主中原的北方民族。其奋斗历程的艰辛与悲壮，思想观念的转变与发展，风俗习惯的演进与改观，统治国家的魄力与局限，决定了它的兴起、强盛与衰落，在中国历史上独树一帜，回响不绝。

鲜卑族刚与中原地区接触时，仍然保留了许多传统风俗习惯。在仪容上，鲜卑人从成年结婚起都要剃去周围的头发，只保留头顶的小部分，编成辫子，这就是南朝称北朝为"索虏"的由来。鲜卑传统的婚姻制度有抢婚的习俗，即"掠女为妻"，结婚时以牛羊为聘礼，婚后夫须为妻家服役。家庭中父死则妻妾由子继承，兄死则妻妾由弟继承；女子婚嫁前有一定程度的性生活自由，凡此都属于北方游牧民族的社会风俗。丧葬习俗也如此，一般为土葬，尸体装入棺材，可能用狗、马、衣物等殉葬；但埋葬处所秘而不宣，死者的衣服、用具、车马等要一把火烧掉。

鲜卑族的宗教信仰，传统上祭祀天地、日月、星辰、山川，属于泛灵崇拜，经由"萨满"①与神鬼精灵沟通。进入中原或西迁关中、陇山至河西走廊一带后，一些鲜卑人逐渐信仰佛教，有的人兼奉道教，与汉人相同。

鲜卑语属于蒙古语族，与蒙古语相去无几。进入中原后，鲜卑语逐渐加入汉语的字词，直到北魏孝文帝推行汉化政策后，汉语成为通行的语言。至于鲜卑族是否曾如同契丹、女真、蒙古、满洲这些族群创制本身的文字，则迄今不明。《隋书·经籍志》中记录有以鲜卑语翻译的中国传统汉文书籍，但鲜卑语的书写符号为何，因战乱中典籍散失，已不得而知。

由于原乡的地缘关系，与其他胡族比较起来，鲜卑族的眼界较广，心胸较宽，所以始终有胸怀大志、想要统一天下的领袖出现。这也造成鲜卑族的另一特色：努力学习较为先进的文明。鲜卑族历代皆有领袖主动提倡学习汉人文化，在五胡中属于汉化甚深的一族。当然在汉化过程中也产生过抗拒的力量，曾屡次出现回归鲜卑本位文化的对抗行为，但终归失败，代表汉化是其文化发展的主流。

---

① 通灵巫师。

总之，从中国东北地区出身的民族，因原始居住地位于草原、森林与农耕地区之间，累积了在三种地理环境中生活的经验，故能分别取其所长，得以向此三方面开拓，格局最大。这样的民族具有弹性与潜力，发展性强，其活动是中国历史进程的重要因素。自从鲜卑族建立北魏，启动北朝，以后陆续有同样来自东北的契丹族建立辽朝、女真族建立金朝与满族建立清朝，都纷纷循此轨迹运转，统治中国部分乃至全部地区，成为中国历史的重要段落。鲜卑族与北魏对中国历史的重要性，于此充分显现。

鲜卑拓跋氏之崛起

鲜卑族有许多部落，建立北魏的拓跋部是其中位置最靠东北的，早期居住于今黑龙江上游额尔古纳河与北段大兴安岭之间。这个部落最早的事迹与大兴安岭群山中的一座石洞有关。《魏书》记载，拓跋鲜卑有一座"先祖石室"，北魏太武帝拓跋焘曾派人去该处祭祀祖先。

这座"先祖石室"究竟在何处一直是个谜，直到1980年，内蒙古的考古学家来到大兴安岭山中一处称为"嘎仙洞"的洞窟，偶然在石壁上发现一片汉字刻石，清除泥土苔藓一看，居然是北魏太平真君四年（443年），北魏太武帝派中书侍郎李敞等人来此祭祖的祝文。从此北魏祖先的发祥地得到确认，实为中国考古与历史研究的重大收获。

嘎仙洞遗址的重要性不止于此。这个洞里确实有人类聚居的遗迹，出土了不少石器、骨器、牙角器和陶器碎片，尤以石镞、骨镞为多，制工精细，但并未发现金属器具。嘎仙洞遗址的文物说明，鲜卑族拓跋部早年以狩猎为主要生活方式，而且与文化先进的民族接触甚晚，符合"后发优势"的理论。

随着人口增加，鲜卑族离开大兴安岭，进入呼伦贝尔草原，此地有呼伦池、贝尔湖两座大湖，水源充足，草场茂盛，适宜放牧，鲜卑族从此更加繁衍壮大，这段经历被《魏书》称为"南迁大泽"。

以后，鲜卑族把握匈奴灭亡的机会，再度南迁至匈奴原有的地盘，跨越阴山山脉，势力更大，也开始成为中原东北方的邻居，从此涉足长城以南的中原之地。这段发展壮大的游牧生涯，可以从一首北朝著名的民歌中想见一二：

敕勒歌

北朝　佚名

敕勒川，阴山下，天似穹庐，笼盖四野。
天苍苍，野茫茫，风吹草低见牛羊。

东晋、五胡十六国时期，中原地区处于不稳定状态，动乱频仍。乱世往往造成人类的迁徙与散布，鲜卑族就在此时分为东、西、北三大支，各自移动，遂广泛分布于中国北方各地。最早进入中原的鲜卑族称为"东鲜卑"，包括段部、慕容部、宇文部等；另一支鲜卑族沿长城线向西方迁徙，称为"西鲜卑"，包括吐谷浑、秃发部[1]等；较晚到达中原附近地域的称为"北鲜卑"，包括拓跋部及更晚南下的柔然等。

不少鲜卑部落进入中原后都曾在五胡十六国时代建国，如慕容氏建立的几个燕国、秃发氏建立的南凉与拓跋氏第一次尝试建立的代国等，但国祚都不长，直到拓跋氏卷土重来，建立北魏后才一举成功，其中的关键，值得研究。

北魏是世袭的君主专制国家，其皇帝与皇族主导国政，国家性质与发展方向由他们决定，故探访北魏，应该从它的皇室开始。

北魏皇室特色

北魏皇室与皇族的发展演变，可以看作是一个草原游牧部落进入中原，落地生根，其首领家族发展成中原帝国皇室的过程，这从北魏前期皇帝们的身上可以看出。

北魏前期[2]共有六个皇帝，其特色为：

短命：年龄有记录的五人平均得年33岁。

死于非命：六人中四人被杀。

由此可见北魏的帝位继承很不稳定。实际上草原游牧部落

---

[1] "秃发"为鲜卑语"拓跋"的另一音译。
[2] 386年道武帝建国至471年献文帝死为止。

领袖的继承，本来就不如农业民族有固定的制度可以依循。中原早已实行的嫡长子继承制度，鲜卑族却是在接纳中原文化过程中才逐渐确立的，所以北魏前期的宫廷中内斗不断，充满血腥，正代表鲜卑族从传统习俗向汉人制度过渡的一种面向。

注重汉文化：北魏前期的各位皇帝对汉文化都持肯定态度，此时期的文化政策也倾向于引进与学习汉文化。虽然"鲜卑基本教义派"始终存在，但并未成为主导文化方向的力量。孝文帝的全面汉化就建立在这种基础上。

母死子贵：游牧民族的女性地位一向较农业民族高，所以鲜卑族汉化的过程中，也会遇上如何将皇室女性纳入"男尊女卑"的汉文化系统的问题。对此，鲜卑族的做法一如较低文化学习较高文化时常见的反应，矫枉过正。他们引用汉武帝晚年杀死年轻妃子钩弋夫人，而立其子为太子的典故，各代持续推行残酷的"母死子贵制度"：

如果后宫女性生下皇子，该皇子后来被立为皇太子时其母若还健在，她就得被赐死，以避免将来太后或外戚干政。此种习惯一直延续到孝文帝时，此前无一例外。孝文帝乃汉人女子李夫人所生，李夫人在孝文帝被立为太子时即被其父献文帝赐死。孝文帝醉心于汉化，在立其子拓跋恂为太子时，本不想将他的母亲林氏处死，但将他一手带大的祖母冯太皇太后坚决反对，孝文帝只得谨遵祖母之命照办，结果林氏成为北魏宫廷最后一位"母死子贵"的女性。到下一代皇帝宣武帝（499—515年在位）时，这种习俗就废除了，此时宣武帝的名字已经是元恪而非拓跋恪了。

孝文帝想废除"母死子贵"制度,代表他已经得到汉文化的精髓,应该了解孔子的"己所不欲,勿施于人"与孟子的"不忍人之心、不忍人之政";身为汉人的冯太皇太后却坚持传统,则应该是考虑到鲜卑族保守力量可能的反扑,才坚持保留这种矫枉过正的早期汉化经验,以杜悠悠之口。

北魏有三种皇太后:第一种是未曾替前任皇帝生下皇太子因此存活的皇后升格而成;第二种是皇帝的生母被追封升格而来,北魏前期皇帝即位时母亲早已死去,但各皇帝即位后都会追封原是嫔妃的母亲为皇太后;第三种则是皇帝当太子时的乳母,皇帝即位后感念其养育之恩而加封,如太武帝拓跋焘的乳母窦氏、文成帝拓跋濬的乳母常氏都是。那位冯太皇太后即同时具有第一种与第三种的双重身份。

虽然如此防范,北魏太后掌权的事例仍屡见不鲜,正表示在文化学习的过程中,游牧部族的传统力量仍然存在。

北魏前期的皇帝与皇室,在历史课程中一向受到的关注比较少,导致社会大众对他们的认识也比较少,为此在探访北朝的过程中先行略述,毕竟他们曾长期主导北朝的发展演变。

道武帝拓跋珪(371—409年,得年39岁,386—409年在位,被杀。①)

北魏开国皇帝是道武帝拓跋珪,他是代国王子,却生于忧

---

① 按,虚岁,以下同。

患，6岁时代国被前秦灭亡，他被迫流亡，13岁时苻坚在淝水之战中大败，前秦也很快瓦解，北方陷入混乱，这成为鲜卑拓跋氏复国的机会。16岁的拓跋珪掌握时机，在386年回到旧都盛乐①重兴代国，不久改国号为魏，北魏开始。398年，他自称皇帝，将国都从盛乐迁到平城②。拓跋珪在位时积极征战，扩张疆土，建立制度，统一塞外，并向南发展，抵达邺城。

拓跋珪是个汉化程度很深的皇帝，像魏晋南北朝的名士一样，喜欢服食寒食散。这是由石钟乳、紫石英、白石英、石硫黄、赤石脂五味石药辗为细末，混合而成的一种散剂，据说有美白、壮阳等作用，当然副作用极为剧烈。《北史》记载拓跋珪服食一段时间后，"忧懑不安，或数日不食，或不寝达旦，归咎群下，喜怒乖常"，有时整夜自言自语不止，还产生妄想，唯恐别人对他不利，动不动就亲手杀人，于是人人自危，不敢多事，导致公务废弛，盗贼横行，国家陷入危险局面。结果409年发生宫廷政变，他也遇刺身亡。这位北魏的开国皇帝英年被杀，可说是追求魏晋以来汉人社会高层的时髦所致，也是鲜卑人追求汉化的另类牺牲者。

明元帝拓跋嗣（392—423年，得年32岁，409—423年在位）

明元帝拓跋嗣是北魏第二位皇帝，道武帝拓跋珪之子，生

---

① 今内蒙古和林格尔。
② 今山西大同。

母刘贵人，按代、魏"母死子贵"制度，被道武帝赐死。拓跋嗣长大后，做父亲的拓跋珪特地把儿子找来，当面向儿子说明杀死他母亲是采用汉武帝杀钩弋夫人典故的道理。还没有被政治沾染的拓跋嗣震惊之下"哀不自胜"，拓跋珪非但没有赞许儿子的孝心与仁爱，反而对这个纯洁的年轻人大发脾气。

拓跋嗣回到东宫后仍然悲伤不已，拓跋珪闻讯再度召见太子，仍然纯洁的拓跋嗣想遵父命进宫，却被随从劝止。当时已到道武帝拓跋珪晚年，在父皇性情怪异而暴虐，随时会动手杀人的情况下，太子拓跋嗣这才面对现实，听从劝谏，先寻求父子和解之道，没有贸然进宫，也避免掉可能发生的父杀子悲剧。由此我们可以看出，北魏帝室的成年礼是怎样举行，第一堂政治课是怎样上的。409年，道武帝为其子拓跋绍所杀，拓跋嗣由军队拥戴，杀死拓跋绍即位。

拓跋嗣汉化甚深，喜欢读历史书，对儒生亲切有礼貌，还著有《新集》三十篇，阐发儒家思想。他简贤任能，矫正道武帝晚年的乱局，几次放出宫女以匹配鳏夫，可称明君；又北伐柔然，南攻刘宋，都取得胜利，不愧史书对他"兼资文武"的描述。为抑制柔然南下，明元帝下令在北方边境修筑长墙，绵延两千余里，派兵戍守，这种情况尤其可以说明，北魏传承至此，已经变成中原、汉族与农业性质绝不下于甚至开始超过夷狄、胡族与游牧性质的国家了。

太武帝拓跋焘（408—452年，被杀，得年45岁，423—452年在位）

太武帝拓跋焘是北魏第三位皇帝，明元帝长子，小字佛狸，即位时只有16岁，却已经有一国之君的风范。拓跋焘仍然采取文武并重的政策，设立太学，祭祀孔子、颜回；又修筑一座"马射台"，亲率部下在台上跑马射箭，射中者立即赏赐。他注重吏治，巡视时发现地方官贪污，立刻免职；提倡节俭，饮食简单，后妃不穿双色以上的华服；发现婚礼、丧葬过分奢靡，下令设定限度；用国库积蓄赏赐，只限有功人员，不及于亲戚。国家有战争，拓跋焘常亲自领兵，与士卒同冒矢石作战，战事激烈时左右死伤相继，他仍神色自若。他治国严明果断，刑赏分明，执行迅速，官场与军中都风纪整肃，然而也正因为如此，有时会刑罚残酷，杀戮过多。

在拓跋焘的励精图治下，北魏国力进入鼎盛期，随即开疆扩土，先后消灭胡夏、北燕、北凉，结束了五胡十六国时期，统一北方；又击溃高句丽、柔然，北魏北方的领土因此大增，在占有中国之半的同时，也成为真正的塞外强国。

北魏强大时，恰逢南朝处于刘宋初年，国力也甚为强盛，形成二虎相争之势，双方都希望统一天下，结果爆发连年战争，已如《中国从此走向大唐：南朝的遗产》中所述。连串战争中北魏虽然最后大胜，直抵长江边，但也证实以当时北魏的国力与刘宋对比，仍然无法消灭对方。机敏的太武帝不失时机地主动撤军，代表他了解真实状况，知所进退，仍然可称英明。

这样一位皇帝，最后却死于身边宦官之手。原来太武帝南征时，命太子留守监国，宦官领袖宗爱趁机胡作妄为，与太子属下官员发生冲突,他就恶人先告状,诬告太子属下官员。

刚远征回来的太武帝不察,将这几名官员杀死,太子也因此忧愁恐惧而亡。宗爱怕事情穿帮,决定先下手为强,竟于452年将太武帝拓跋焘暗杀,拥立皇子拓跋余继位为帝,宗爱则封王,出任宰相,独揽大权。

宗爱专权跋扈,朝野忌惮,拓跋余渐渐怀疑宗爱另有更大的企图,谋划削夺他的权力。宗爱再度先下手为强,又杀死拓跋余,居然创造历史纪录,成为中国历史上暗杀两个皇帝,还受封王爵的唯一宦官。

南安王拓跋余(452年在位,被杀,年龄不详)

北魏太武帝拓跋焘之子。北魏第四任皇帝,在位仅8个月,无所作为。

452年,中常侍宗爱弑太武帝,假传皇太后命令,迎立拓跋余继位。宗爱掌握大权,渐与拓跋余发生矛盾,于是宗爱杀拓跋余。

宦官宗爱竟然可以如此为所欲为,连杀二帝,由此可以看出当时北魏政权仍然未能将中央集权高度制度化,人治的色彩浓厚,这一切都有待将来。

文成帝拓跋浚(430—465年,得年26岁,452—465年在位)

文成帝拓跋浚是太武帝之孙,父为太武帝之太子拓跋晃,早卒。宗爱杀死拓跋余之后朝政大乱,一群大臣诛杀宗爱,拥立已故太子拓跋晃的儿子拓跋浚为帝,是为文成帝。文成帝才智平庸,又因被大臣拥立,处处受牵制,在位14年,并无多大作为,而他的皇后冯氏,精明干练,后来以太后身份掌握北魏大政25年,建树甚多。

献文帝拓跋弘(454—476年,被杀,得年23岁,465—471年在位)

献文帝拓跋弘是文成帝拓跋濬长子,12岁即位,史书说他"聪睿机悟,幼而有济民神武之规",可见颇有抱负,然而政权掌握在冯太后手中,他郁郁不得志,母子关系紧张。拓跋弘对强势的名义上的嫡母冯太后无可如何,时间久了,产生了干脆让位的念头。471年,拓跋弘宣布传位于年仅5岁的太子拓跋宏,自为太上皇。拓跋弘退位后内心显然依旧无法平静,476年以太上皇身份诛杀冯太后的情夫李奕。这种报复兼赌气的行为真正触怒了太后,应该也使太后感觉到未来可能的危险,于是敢作敢为的冯太后当机立断,对名义上的儿子下毒,拓跋弘遂被嫡母兼养母毒死,年仅23岁。

献文帝的太子拓跋宏就是赫赫有名的孝文帝,我们将在下一章探访。孝文帝能成为一代名君,对北魏、北朝甚至中国历史的进程产生重大影响,与他的祖母冯太皇太后有关,故在此先介绍这位北魏这25年间的实际统治者。

文成文明皇后冯氏,或称文明太后、冯太后(442—490年,得年49岁)

这位当时北魏实际的女性统治者娘家姓冯,长乐信都[①]汉

---

① 今河北衡水市冀州区。

人，出身北燕国王室。436年北魏灭北燕，但对北燕的王室并未赶尽杀绝，反而任用了许多这个汉人世家大族的成员做官，故拓跋氏与冯氏的关系可称融洽，双方合作愉快，也不断通婚，冯太后的姑母就是太武帝拓跋焘的左昭仪。文成帝即位后，实际上高了一辈的冯氏成为他的嫔妃，封为贵人，时年14岁，后由贵人升至皇后。

文成帝的妃子李贵人生了皇子拓跋弘（献文帝），却在拓跋弘被立为太子时，依"母死子贵"制度死去，太子拓跋弘则由无子的冯皇后代为抚养。465年，文成帝死，太子献文帝拓跋弘继位，冯皇后被尊为皇太后。469年，献文帝之子拓跋宏被立为太子，其母李夫人照例处死，拓跋宏也由冯太后抚养。471年，献文帝退位，拓跋宏登基为孝文帝，冯太后升格为太皇太后。476年，献文帝因处死冯太后的情夫被冯太后毒死，北魏仍由她掌权，直到她490年死去为止，总计主导北魏25年。

465年文成帝死后，本由丞相太原王乙浑执政，但他骄纵不法，屡次矫诏擅权，于是冯太后在466年发动政变，杀乙浑，取得大权，自行摄政。冯太后在摄政期间推行"三长法""均田法""班禄法"等制度，革除旧日陋习与弊端，抑制贵族圈地，努力将北魏这个以游牧为主的帝国改造成农业帝国。这些政策在她死后由孙子孝武帝继续执行，并发扬光大，主导了此后的北魏与北朝，其影响力扩及中国以后的各朝代，例如计口授田的小型自耕农经济体系，甚至直到今日余风犹存，1949年以后在中国台湾地区推行成功的"耕者有其田"政策即属此类。

北魏前期的胡汉关系

"后发优势"是北魏建国后能够发展壮大的第一个原因，多少来自幸运。除此之外，北魏能够站稳脚跟，打下中国的半壁江山，又与拓跋氏当政者对汉族的态度有关。毕竟汉族占全国人口的绝对多数，经济与文化力量最强，对进入中原的胡族而言，当时可谓"得汉人者得天下"，而北魏的统治者显然明白这个道理，并努力实行。

十六国时期，五胡君主对于汉文化多半采取友善的态度，在国家制度上学习汉人，也大量任用汉人作为谋士；但也有少数君主敌视汉人，压迫汉人。对汉人而言，武力既不如胡人，则投奔可以容纳并尊重自己的胡人政权，就成为乱世避祸与迂回发展的道路。早在五胡十六国时期，几个倾心汉化的胡人政权因为国内政治稳定，君主尊重汉人，就成为中原士庶的避难场所。拓跋氏在建立代国时就有这种经验，卷土重来建立北魏后，仍然采取此一策略。

一方面，由于当时正值世家大族兴盛的时代，拓跋氏既然志在逐鹿中原，就一直实行与中原世族合作的政策，成效显著。北魏开国之君道武帝拓跋珪对登门求见的汉人世族皆亲自接见，量才录用；太武帝拓跋焘也曾亲发明诏，礼请各地著名世族入仕北魏。另一方面，北方汉人世家大族面对外来的鲜卑统治者，为保持家族势力与地位，势必也要跟这个北魏统治集团合作，何况拓跋家族对汉人礼贤下士，于是双方伸出友谊之手，水到渠成，合作愉快。这样的合作关系主要以两种方式表现：一为双方通婚，二为汉人出仕。

北魏皇室与汉人大族的通婚

北魏后宫的女性来自多方，各族皆有，汉族女子入宫者颇多，故北魏许多皇帝为汉女所生，有汉人血统，如明元帝杜皇后生太武帝、文成帝李贵人生献文帝、献文帝李夫人生孝文帝等。这样几代下来，其实北魏后期皇帝的鲜卑血统并不浓厚。北朝的建立者、北魏第三任皇帝太武帝拓跋焘（423—452年在位）为第二任皇帝明元帝拓跋嗣（409—423年在位）与杜贵嫔所生。杜贵嫔是汉人，死后追封皇后，籍贯魏郡邺城，故太武帝拓跋焘有一半汉人血统。第五任文成帝拓跋濬（452—465年在位）有史料可考的两位妻妾都是汉人，冯皇后籍贯长乐信都，李贵人籍贯梁国蒙县，生第六任献文帝拓跋弘（465—471年在位），故献文帝拓跋弘只有四分之一鲜卑血统。献文帝与李夫人生的儿子就是鼎鼎大名的孝文帝拓跋宏（471—499年在位），李夫人是汉人，籍贯中山安喜，所以这位大力推动汉化的北魏孝文帝拓跋宏，实际上只有八分之一鲜卑血统。

北方汉人大族中，原为北燕国君主的河北长乐郡信都县世族冯氏，因为地缘关系与其政治地位，更成为与拓跋氏几代通婚的汉人家族，其关系如下：

第一代通婚：太武帝拓跋焘—左昭仪冯氏（辽西郡公冯朗之妹、文成帝文明皇后之姑母）。

第三代通婚：文成帝拓跋濬—文明皇后冯氏（辽西郡公冯朗之女）；文成帝之妹博陵公主—冯熙（明皇后之兄）。

第四代通婚：献文帝拓跋弘之女乐安公主—司徒冯诞（冯熙之子）。

第五代通婚：孝文帝拓跋宏—第一任冯皇后（冯熙与博陵公主之女）；孝文帝拓跋宏—左昭仪、第二任冯皇后（幽皇后，冯熙之女，第一任冯皇后同父异母姊）。

北魏公主也常出嫁到汉人家族。除上述的两位公主嫁入冯家之外，为时更早的有太武帝拓跋焘之女南安公主嫁给阳平公杜超，杜超之妹即明元帝杜皇后。

由此看来，拓跋氏与冯氏、杜氏等汉人家族经过几代通婚，已经变成你中有我、我中有你的二位一体关系，这正是北方民族融合现象的代表。

这些婚姻关系也充满北方游牧民族的风俗，对辈分并不讲求。就拓跋氏与冯氏而言，这种现象应该是由拓跋皇室主导，而冯氏等汉族世家也没有反对。有名的例子如孝文帝的两位冯皇后，实际上在两个家族的关系中都比他大一辈；又如杜超本是明元帝妻兄、太武帝舅父，竟被外甥皇帝招为驸马，娶了自己的甥外孙女，可称极端的例子。

汉人出仕北魏政权

对北方的汉人世族来说，在异族统治下，维持世家大族的阶级地位仍有风险，故以政治地位巩固社会地位成为必须，意即他们必须出仕。幸好北魏统治者为鲜卑皇室，他们并不仇视汉人，还对汉文化颇为向往，双方因此能够长期合作。

431年，北魏太武帝下令招今山西省以东各地的名士任官，共聘来数百人。此举之意，在于把黄河流域的范阳卢氏、清河崔氏、博陵崔氏、赵郡李氏、太原王氏、太原郭氏、河东柳氏、渤海高氏等汉人世家大族收归旗下，使他们与北魏政权结合，为北魏政权出力，北魏则以承认他们的世族地位，并开放统治权作为回报。当时这些北方汉人世族的领袖是出身清河崔氏的崔浩，他以太武帝国师、军师的姿态出现，加入北魏朝廷，出谋划策，对北魏统一北方贡献良多，从此奠定汉人世族在北魏朝廷的地位，此后其他汉人世家大族也都遵循这种模式，进入北魏的执政团队。由于崔浩的贡献，清河崔氏得到最尊贵的地位，使北方汉人世族的排序成为以崔、卢、李、郑为前四名。

总之，鲜卑族的汉化是由上而下的，其动力来自北魏皇帝。北魏皇帝对汉人世族采取接纳的态度与政策，难免造成鲜卑族内部始终有反汉化与反汉人的保守势力存在，又往往与高层政治斗争中的反对派有关。从鲜卑人的立场看，开放汉人参政可以迅速提升国力；但也可能存在大权旁落的危险，尤其当时汉人由世家大族主导，世族的地位与威权世代继承，引进汉人世族参政，就等于长期与他们分享政权。因此鲜卑族内部对应该进用汉人、开放汉化，还是应该不用汉人、保守本族传统经常发生争执，双方长期的拉锯，也是主导北魏历史的一种力量。

汉人世族与北魏政权的恩怨情仇

北魏兴起时，北方早有汉人世家大族存在，并已延续甚久，经济实力雄厚，社会、文化地位崇高。当北魏在鲜卑拓跋氏的领导下政治力量越来越大，最后统一北方时，这股新兴的胡人政治与军事势力要如何与汉人的世族势力互动，就成为北朝初年的重要大事。拓跋皇室对汉人并不苛刻，早期打天下时更是倚重汉人，但结束五胡十六国的分裂状态后，北魏鲜卑政权与拓跋皇室立刻面临一个新问题：黄河流域的汉人族群极为庞大，统治者作为人口悬殊的少数一方，要如何看待汉人？怎样处理与汉人的关系？

任何专制极权的统治者都希望能直接控制全国民众，故在北朝初期，北魏鲜卑拓跋氏的统治集团很快遇到二选一的抉择：这个国家可以沿用魏晋以来的旧贯，保留世家大族的地位与权利，与世族充分合作，以通过世族间接统治，这样阻力小，容易达成，但将长期无法充分掌控全国。当然也可以效法秦朝与西汉，设法建立中央政府直接掌控大量小型自耕农的国家体系，这样皇帝与中央政府不受世族掣肘，享有直接而且真正的最高权力，但如此一来，势必与世家大族发生矛盾。

在这种背景下，北魏政权与北方汉人世族之间，当然充满恩怨情仇。大体而言，在统一北方以前，北魏政权尊崇汉人世族，进用汉人世族领袖，汉人世族也乐于为鲜卑拓跋氏效命，双方合作愉快。然而统一北方以后，鲜卑族与拓跋皇室开始倾向于直接掌控全国，而相反地，汉人世族则致力于确定门阀系统，以保证他们传承多年的地位。这两股力量由合作到冲突的过程，可以从当时北方首屈一指的汉人世族领袖崔浩身上清楚看出。

崔浩（381—450年）的喜剧与悲剧

崔浩字伯渊，清河郡东武城①人，出身清河崔氏，母亲出身范阳卢氏。崔家联姻皆为世族，门第高贵已极，是北方第一，范阳卢氏则排名第二。崔浩长相秀丽如美貌妇人，学问渊博精深，文学、经学、史学、玄学、阴阳卜算、百家之言无不通晓，当时的人都无法企及，他也胸怀大志，自比张良。北魏建国后，崔浩接受道武帝的礼聘出山，为北魏朝廷服务，历经道武帝、明元帝、太武帝三朝，官至司徒，是太武帝最重要的谋臣之一，对北魏统一北方有重大贡献。在北魏对各国用兵的过程中，崔浩屡次力排众议，根据星象和人事判断时机，太武帝也都言听计从，北魏得以依次消灭胡夏、北凉，并出击柔然成功。

这些军事行动使北魏解除了来自北方和西北方的威胁，北凉灭亡后，北魏打开通往西域的商道，得以从丝路的贸易中获取大量利益。北朝开始之际，也是北魏全盛时期的开端，鲜卑拓跋氏能够获得如此丰功伟业，崔浩贡献甚大；或许从另一个角度说，这是以崔浩为代表的北方汉人世族与鲜卑拓跋氏合作的成果。

---

① 今山东武城。

鉴于崔浩的学问与文名,早在429年,太武帝拓跋焘就任命崔浩率领一众文人编辑国家纪录,写成《国书》三十卷。439年北魏统一北方,国家规模完全确立,太武帝拓跋焘又命崔浩主持修纂正式的北魏国史。崔浩率领史官、文士,将当年完成的《国书》加入续篇,写成一套北魏国史。此书对于鲜卑早期的情况秉笔直书,并不避讳,书成后有两个僚属建议将全书刻石,公开陈列,崔浩同意,于是花费三百万钱后,一大堆刻着北魏历史的石碑在平城竖立起来。

这部北魏国史全面公开后,立即引起轩然大波。鲜卑人知道书的内容后,认为崔浩等汉族文人在故意出鲜卑族的丑,而且公开为之,于是群起而攻,纷纷到皇帝面前告状。太武帝拓跋焘大怒,下令将崔浩捉拿,囚于木笼内,送出城南,又派几十个卫士对着崔浩身上小便,极尽侮辱之能事,崔浩嗷嗷呼叫,沿路都听得到。450年,崔浩被诛九族,牵连范阳卢氏、河东柳氏及太原郭氏,世族被杀的甚多,尤其崔浩以宰相之尊,即使有过错被杀,死前还被皇帝如此公开侮辱的,尚属空前。

由于这件事太过戏剧化,历代都有人研讨它的原因。对此一般曾有两种解释,一种认为这是"华夏、夷狄之辨"的民族问题,另一种认为是佛道之争的宗教问题。然而历史学家陈寅恪则明确指出,其主要原因应在社会阶级方面,即崔浩一直希望"齐整人伦,分明姓族",在北方确立门阀制度,遂与鲜卑族发生冲突,北魏国史事件只是最后的导火线。

从社会阶级去解释崔浩及其计划与行为,会发现他是北方世家大族的代表人物,他的思想是北方世族的思想,即注重儒家伦理道德,历代传承,以此作为家族特色。《魏书·崔浩传》提到崔浩对于儒家礼制如家祭等特别注意,但不喜好《老子》《庄子》这些玄学的书,正是东汉以来北方儒家大族的典型传统。崔浩为北魏政府选士,也是家世与人伦并重。在他心目中,能具备高官及儒学二条件的姓族,才是他理想的一等门第,实际上他也在通过选士向这个目标前进。

然而北朝的基本状态与南朝不同,南朝世族自从东晋以来,其地位已牢不可破,何况历代皇室都是汉人,没有民族差异问题。北朝则不然,其统治阶级是鲜卑贵族,而且刚进入中原不久,他们凭军功起家,认为土地由他们打下,国家因为他们才能存在与发展,当然难以忍受汉人世族来分享权力,尤其是永久分享权力,对于汉人世族希望建立门阀制度深感不满。崔浩虽然历事三朝,居功甚伟,却因为屡次力排众议——虽然都经皇帝采纳,也获得成功,但早就使鲜卑贵族因忌妒而产生了反感。等到他坚决主张实施门阀政治时,鲜卑贵族对他的厌恶与痛恨终于浮出水面。果然到撰修国史时,崔浩就因秉笔直书北魏早年隐私,被指为蓄意"暴扬国恶",导致全族诛灭,姻亲家族也连带遭殃。

崔浩被杀是北方汉人世族遭受的重大打击,从此造成汉人世族的保守与退缩心态,北魏皇帝与中央政府的威权则大增,超过南朝。这次事件也使北朝学术发展产生转变,从此汉人知识分子面对北魏政权变得极为谨慎,不愿在理论层面放言高论,北魏的学风也因此以实用为原则，一直传承了整个北朝。

北魏汉人世族再度大展鸿图，要等到孝文帝改革的时期，因为这位鲜卑血统八分之一、汉族血统八分之七的皇帝改弦更张，全力促使各鲜卑家族变成汉人世族，于是北方汉人世族门阀与鲜卑政权矛盾的问题才得到解决。

北魏前期的宗教激荡：太武帝灭佛

北魏前期的另一项文化对决发生在宗教领域，此时佛教与道教间曾发生冲突，其中以太武帝灭佛为代表。

魏晋南北朝是佛教与道教争夺中国宗教市场的时期，双方都希望得到政治领袖的信奉与支持，以利弘扬本教，压抑他教。鲜卑族进入中原建国后，逐渐舍弃原有的泛灵崇拜，改信中原地区的宗教，于是这批握有政治大权的新统治者，就成为佛、道二教争取的对象与传教的重点。北魏太武帝在位初期崇奉佛教，后来因为重用汉人世族，而他信任的谋士崔浩等恰好都是道教信徒，崔浩等人介绍寇谦之等道士给太武帝，太武帝很快受其影响，转奉道教，亲受符箓。440年，太武帝改年号为充满道教意味的"太平真君"，等于公开宣布这个国家要走道教路线，从此他认为佛教是"西戎虚诞""为世费害"，准备用政治力量镇压。

444年（太平真君五年），太武帝下诏，禁止上自王公、下至庶人的全体国民私自供养佛教僧侣；同年九月，杀政变未遂的僧人领袖玄高、慧崇等。446年（太平真君七年），陕西地区有人反叛，太武帝西征，到达长安后，见佛寺内藏有兵器，又查出寺内酿酒、聚积财宝，还发现僧侣与在室女私通，为之大怒，立即下令禁止佛教。司徒崔浩随即上疏，请求诛杀天下沙门，毁灭各寺院及佛经、佛像。于是太武帝下诏，立刻诛杀长安全体沙门，并命留守平城的太子拓跋晃从中央政府发出命令，比照长安办理，废除全国佛教。太子一向尊崇佛教，上表劝谏，还在发布父亲的诏书时故意拖延时间，使全国僧侣都能预先知道，许多沙门因此得以藏匿或逃脱，许多金银佛像及经书也都被秘密收藏，故仅有部分僧人被杀，只是北魏境内的寺庙无法迁移，因此大多被毁。这段灭佛时间总共8年（444—452年），是中国佛教史上"三武灭佛"的第一次，佛教将此次事件与北周武帝、唐武宗的灭佛统称为"三武之祸"，视为重大的法难。

450年崔浩死后，太武帝拓跋焘失去崔浩的影响，对全面灭佛渐生悔意，佛教生机出现。452年太武帝被杀，北魏政局几经动荡，最后由文成帝拓跋濬继位。这位皇帝下令停止灭佛，恢复佛教地位，佛教才得以复原。虽然如此，佛、道二教在北朝时仍持续对抗，后经唐朝到五代期间，道教更屡次借政治力量冲击佛教，成为中国宗教史上的第一次宗教大对抗时期。若问为何北魏太武帝拓跋焘会由奉佛变为崇道，主要答案应该在于他皇帝的身份，毕竟对于一个大权在握、享尽荣华的统治者而言，比起超脱轮回以求涅槃，炼丹修仙以求长生才是更实际的事。

北魏与其他胡族

北魏由鲜卑族建立,并统一北方,故随着北朝的序幕慢慢展开,鲜卑族与汉族的关系固然必须重视,鲜卑族与其他胡族的关系也不应忽视。由于《魏书》《北史》的作者都是汉人,这两部北魏正史中注重鲜卑人与汉人的关系,着墨甚多,北魏与其他胡族之间则较少提及,幸好近年已有历史学家注意到这点,并提出研究成果。现在就以侯旭东的论文为主,对此加以说明。

早在五胡十六国时期的382年,前秦皇帝氐族的苻坚就曾经统一过北方。苻坚处理各胡族的方法有二:一是包容为主,宽大为怀,让各族保持原有的部落组织;二是将各胡族人马纳入前秦军队,率领他们一起攻打东晋。在此种状况下,各胡族虽然被氐族击败投降,其力量与组织却未被消灭,等到苻坚在淝水战败,各族乃趁机纷纷复国,导致苻坚身死,前秦也迅速瓦解。

这段历史使北魏鲜卑族学到教训,故从道武帝拓跋珪建国起,就对被征服的其他胡族采取"离散部落"的政策,不断将新征服的胡族部落或国家组织拆散,将这些胡人以小家庭为单位,编入地方政府的户籍系统中,称为"编户"。这种措施当然会引起其他胡族的反抗,也会因各地方政府的行政效率不同而有所差异,有些较为偏远的部落甚至从未被解散,如尔朱氏;但总体而言,在北魏发展中央集权政治的趋势下,各胡族原有的组织逐渐淡化,反抗力量也弱化,北魏才得以避免成为"五胡第十七国"的命运,顺利统一北方,并控制这片广大的土地百年。

如果说前秦只做到了各胡族的不稳定联盟，那么北魏就是一个真正的多民族国家。

　　探访北魏前期至此告一段落。此刻鲜卑拓跋氏苦心奋力建立的国家已经成形，奄有广大的塞外草原及绿洲地区，加上长城以南的半个中国，成为典型的"二元帝国"。这个名叫"魏"的国家与创建它的鲜卑族面对此种形势要如何经营，如何发展？重点要摆在二元中的哪一元？这将是我们下一章探访的重点。

第二章

一场用国家民族下注的豪赌
——北魏孝文帝的汉化运动

策马南来不再回,孝文出令迅如雷。
北邙山下鲜卑冢,长伴汉家卢与崔。

对一个人群而言，文化的选择、引进与学习是头等大事，也必然出现支持者与反对者，其过程往往曲折回旋，充满变数。如果选择与引进出于最高权力拥有者的意志，由上层发动，就是以政治力量推动文化变革，可能成为激烈的案例。在激烈的文化变革中，激烈之尤者，是抱定破釜沉舟的决心，勇猛前进，追求在短时间内达成全面变革，不留余地，属于极端做法，甚至可称为以整个群体命运为赌注的文化赌博，在历史上难得一见。值得注意的是，这种极端激烈的事，就曾在北朝历史中发生，其大胆的推动者就是北魏孝文帝拓跋宏。

北魏在孝文帝（467—499年，471—499年在位）在位后期出现极为激烈的汉化运动，推动者为皇帝本人，推行时采取极端做法，完全不留余地，在人类文化学习的历史上都是少见的案例。由于这次汉化运动十分彻底，对于此事，抱持传统汉族中心思想的史家不免沾沾自喜，为之大书特书，造成以后国人提到北魏的历史，最常见甚至唯一的印象就是此事。然而如果我们仔细观察过去传统汉族中心史观对此事的叙述，可以发现这些叙述多注重其内容，却忽略其原因与方法，尤其是它的特殊之处。在传统的汉族中心思想下，实际上这个运动的真面目并未被清晰描述，仍有待今日进一步研究，并采用不同的角度分析，才有可能还其真相。

　　鲜卑拓跋部在进入长城以南后，开始统治大量汉人、接触大量汉文化，如何面对并因应这种新形势，就成为最重要的课题。建都平城期间，游牧部落原有的制度与习俗仍在深刻影响与制约这个新兴政权。对北魏的最高统治者而言，若希望转化部落体制，建立中央集权帝国，进而平定南方，成为全中国的主人，将是一段漫长险阻的道路，需要以极大的魄力历尽艰辛才能走完。此种过程在北魏建国后已经开始，直到孝文帝汉化运动时告一段落；虽然未能统一中国，北魏却已是中原式的国家。此过程固然依靠前代诸帝后努力打下的基础，但最后阶段的临门一脚，直接关乎成败，这就要看孝文帝自己的表现了。孝文帝以年轻人的魄力给出的答案是，采取激进与极端手段，以迁都为起点，追求在短期内达成全面汉化。

　　欲深入理解此事，须从孝文帝490年亲政以前北魏的汉化说起。

北魏前期的汉化

　　北魏建国以来，历代君主都重视学习汉文化。在探访这块领域时，我们必须注意一条重要的线索，就是伴随这种学习的，是北魏统一北方后就不断与南朝作战，不论出于主动或被动；即使是被动应战，只要取胜，也会化被动为主动，乘胜向南追击。汉化与向南发展其实互为表里，彼此影响。由此看来，北魏对汉文化的学习，是历代皇帝基于"必须先了解汉文化、利用汉文化，才能征服全部汉人地区，统一中国"的理解而来。在多次南北战争中，北魏连连取胜，从南朝手中夺得黄河、淮河之间与山东半岛等地的领土。此期间太武帝在430、446、450年三次击退刘宋的北伐，最后一次还乘势直攻到长江北岸。献文帝（465—471年在位）时，北魏已经将南北分界推展到淮河一线，确定占领黄河与淮河之间的地区，并将此地命名为"河南新邦"。至此，北魏面临国家的新形势。

到孝文帝初年，北魏领域中汉人的区域已经扩大，总人口中汉人的比例大幅上升，遂使其中央政府不得不考虑此种新形势，拟定因应对策。恰好当时孝文帝年幼，由冯太后当政，冯太后出身汉人政治世家，倾向于以汉文化的观点思考政治问题，于是订定"建立以农业为主体的大帝国"的政策，与主要助手朝臣李冲施行向农业国家过渡的改革，重点为建立班禄制、均田制与三长制。

北魏初年，户籍制度沿用"宗主督护制"，即承认鲜卑首领与汉人世族（宗主）可以拥有大量人口，当时平民百姓大多因谋求生计而依附部落领袖或世家大族，成为宗主的私人财产。在此种民政制度下，中央政府能直接掌控的人民不多，导致税收很少，中央政府预算大为受限，必须仰赖各宗主支持，仍然不脱部落联盟的格局。由于汉文化自战国年间至秦始皇以来，当政者一直以中央集权制为理想，故北魏汉化开始后，其皇室自然产生打破部族势力、取消地方豪强割据，迈向中央集权之动机；何况平民百姓在宗主统治下，常遭受虐待与压迫，只要中央政府提出照顾平民的政策，就很容易得到基层的民心，减低改革阻力。冯太后显然了解此种情势，遂针对当时状况，陆续推出班禄制、均田制、三长制，启动有一贯脉络可循的改革。

班禄制

北魏的官吏原来没有俸禄，由他们自己随意摊派或掠夺民间财物充当薪津，所以贪污、抢劫、勒索盛行，并且被政府承认为合法，百姓不堪其苦。孝文帝太和八年（484年），北魏在冯太后主持下实行依品级与职务发给官员俸禄的制度，称为"班禄制"，其内容为：

1. 确定百官品秩，作为官员俸禄多少的标准。

2. 各民户每年增加征收帛三匹、谷二斛九斗以充"禄钱"，作为官员俸禄来源。

3. 施行当年向各民户预征帛二匹，作为"官商之本"，兴办官营商业，以官营商业盈利补充禄钱的不足。

4. 制定惩治贪污的法律，甚为严格，贪污帛一匹以上者处死。

此制度施行时雷厉风行，平民税务负担虽有增加，但官员贪污、勒索等随之大幅降低，中央政府也从此增加了收入，掌控百官，赢得民心。冯太后的改革以班禄制开始，故此制度可视为北魏通过一连串改革，由部族联合体变为中央集权国家的重要里程碑。

均田制

班禄制确立后，北魏中央政府的威权大增，乃进一步推出配套的土地改革，称为"均田制"。班禄制使中央政府必须掌握足够财源，方有可能持续发给百官俸禄，中央政府的财源来自税收，而税收又主要来自直接掌控的农民，于是争取直辖农民就成为必须。北朝原来的农民大多是宗主的农奴或佃户，中央政府争取农民的有效方法，就是提供私有土地与合理赋税，使农民自愿投奔中央政府，此即均田制的基本概念。此种想法原由宰相李冲的族人李安世提出，冯太后与孝文帝采纳后，定出施行办法，于485年颁布实行，自首都开始逐步向外推展。

均田制的具体内容为：

1. 清查户口，建立户籍资料，确定各地方行政区的人口数。
2. 按照人数授给田地，分为"露田"和"桑田"。

露田（又名"口分田"）：男15岁以上成丁，由国家授给露田四十亩，女二十亩，家中奴婢比照受有露田，人民拥有的耕牛一头也受露田三十亩。露田不许买卖，不可继承，并只能种植谷物或桑、麻，不许栽种树木。人民年满66岁或身死后，须将露田归还官府。

桑田（又名"永业田"）：男丁由国家授给桑田二十亩，作为私人产业，不用还给政府，可以继承，也可以买卖。

受田的农民一夫一妇每年必须向政府缴纳二石的粟[1],称为"田租",简称"租",与丝帛或麻布一匹长四丈,称为"户调",简称"调",丁男还必须服徭役[2]和兵役。

受田以后,百姓不得随意迁徙。

家中若有15岁以上的未婚男女四人,或从事耕织的奴婢八人,或耕牛二十头,其租、调都分别相当于一夫一妇的数量。

地方官员按品级授给公田。州刺史十五顷,郡太守十顷,治中、别驾各八顷,县令、郡丞各六顷,不准买卖,离职时交予继任者。

3.授田的土地来源是国有地与收归国有的无主荒地。人口较少,土地广大的地区称为"宽乡",依上述标准办理授田;人口密集,土地不足的地区称为"狭乡",各项授田数量减半。

北魏均田制相关的度量衡单位,可以推估换算为今日的公制:

土地面积

中国古代计量土地长度的基本单位是"步",一步约当0.83米,240步(例如长16步、宽15步的面积,16×15=240)为1亩,则0.83米×16×0.83米×15=约当167平方米;夫妻二人共授田60亩,即167平方米×60=约当10 000平方米;官员的公田,1顷等于50亩,则167平方米×50=约当8 350平方米。

---

[1] 即粮食。
[2] 无偿义务劳动。

重量

北魏时 1 石等于 120 斤，1 斤约当 0.44 公斤，故：2 石 =0.44 公斤 ×120×2= 约当 105.6 公斤。

长度

北魏时 1 丈等于 10 尺，1 尺约当 29.6 厘米，故：4 丈 =40 尺，29.6 厘米 ×40= 约当 1 184 厘米 =11.84 米。

均田制内容详尽合理，其精神有三：一是政府免费授田给人民，争取直辖的小型自耕农；二是对人民一视同仁，平等对待；三是用各种授田标准动员农村的全部生产力，以增强国力。在执行层面，也考虑周详，定出因人、因地制宜的各种标准，具有弹性，因此阻力减小，才能有效施行。

北魏的均田制是中国古代重要的土地制度。此制度创立于北魏，东魏、西魏、北齐、北周以至隋、唐都沿袭采用，对中国历史影响深远。

三长制

"三长制"是北魏为控制直辖户口，取代宗主督护制，建立基层政权组织而推行的地方制度。均田制实行后，北魏政府直辖的农民大量增加，如何将这些农民纳入组织，以便管理，就成为下一个必须解决的问题。建立地方基层组织时必须考量其可行性，例如这些基层组织的领袖若由官派，不但将大量增加政府人事支出，而且可能导致人民与政府官员的矛盾与对立，故以有限度的地方自治为宜。三长制就在此种背景下出现。

486年,李冲提出三长制的计划,经冯太后、孝文帝批准施行。内容为在地方上将每五户人家划为一邻,立一邻长,五邻划为一里,立一里长,五里划为一党,立一党长,邻长、里长、党长合称"三长"。三长选择乡里德高望重、办事能力强又谨守法令的人担任,受地方官督导,职责为掌握当地的田地、户口数量,征收赋税,调发徭役,维持治安。

三长制是均田制的配套措施,实行后政府通过三长控制地方,地方由政府选派的民间领袖实行半自治管理,于是绕过宗主,人民直接隶属于政府,至此北魏的改革大致完成。

这样的改革严重打击到鲜卑贵族与汉人世家大族,当然遭到许多既得利益者的反对,而且不分鲜卑首领或汉人世族、豪强。但在冯太后、孝文帝和李冲等执政大臣的坚持推行下,这些制度得以继续实施。均田制彻底实行后,清查出的大量隐匿户口全部纳入赋税名单,数年间国家财政收入增加几倍。政府无偿授田后,原有的农奴与佃农大量成为自耕农,农业生产力被激励出来,便经济发展,民富国强。史书记载这些政策"天下称便",代表此时北魏中央政府跳过中间的既得利益阶层,直接取得了基层百姓支持,成为其立国基础,也是中央集权的保证。至此,北魏国境内的汉人地区,已经基本上成为传统的中原式国家。

然后,就是国家整体发展的战略、经济与文化策略问题了。这个策略问题到孝文帝时一举确定答案:迁都、汉化、南征,并义无反顾地全力推动。

深入北魏孝文帝的内心

　　研究历史、了解历史有一种方法，就是在收集到足够的背景资料后，深入历史人物的内心，基于当时的环境与条件，从他、她或他们的角度思考问题，自问："如果是我（我们），会怎样想？怎样做？"北魏孝文帝490年亲政以后的所作所为，如果用这种方法理解，将不难体会他决策时的思考方式，找出他在仅仅9年之间施展出如此大动作，又迁都又汉化又南征的原因。

　　490年冯太皇太后去世，孝文帝拓跋宏亲政，那年他24岁。对于这个年纪还轻，但已在祖母身边实习了19年的皇帝而言，自己终于能实际掌控政治权力，大展宏图的机会来了。当时他所面对的环境是：

　　第一，北魏的南方国境在淮河一线，长城以南约占全国疆域的一半，而且农业发达，人口密集，成为帝国的重要部分。从山西北部的首都平城发号施令，统治这片以汉人为主的土地，虽然并非不可能，但终究有其不便。过去建都平城在战略上的理由，是因为此地接近蒙古草原，以此为基地，随时可以抵御新兴草原民族的侵扰。拓跋部南下时，原居住地空虚，后起的柔然部趁机填补其空缺，转趋强大。同属鲜卑族的柔然在北魏建国时强盛，屡次威胁北魏的北方边疆，北魏不得不将军事与政治中心放在平城，随时出兵对付。然而经过数十年的努力，北魏屡次击败柔然，到孝文帝时，柔然已经不构成严重威胁。北方边疆大致平定后，北魏对外战争的焦点改为南方边疆，国家的重心也变成长城以南地区，平城的战略地位大不如前，其不便之处则渐渐显著。这种状况必须因应。

第二，北魏南方的国界已经拓展到淮河岸边，深入南方后，战场的地理环境是江河纵横，城池林立。北魏面对南朝的战争形态，变成不再是大草原上两军以骑兵对决，而是攻城与守城之争。这种战争形态旷日持久，攻方必须不断投入粮食、武器与补充兵源，守方则城内坚守待援，后方另派军队解围，以求内外夹击制胜，故不论攻守，都是后勤基地与战场间的距离越短越有利。又因战场情势随时可能改变，指挥官与第一线之间、前线指挥官与中央领袖之间的联系沟通甚为重要，在当时讯息传递仍然很原始的状况下，中央与前线沟通所需的时间越短越有利。北魏的主要粮食产地与人口密集区在今日的山东西部、河北中南部到河南北部一带，可以就近向南支援淮河战场；然而北魏的首都在山西北部的平城，距离淮河前线遥远，交通不便，讯息传递需时甚长，皇帝如果希望迅速掌握战争状况，随时适切调动后勤支援，只有御驾亲征，太武帝拓跋焘就是如此。所以北魏假使只想与南朝隔着淮河并立，则建都平城尚可，要是想消灭南朝，统一天下，则应该将后勤基地与决策中心合而为一，作战效率必然大增。这点必须考虑。

第三，孝文帝时首都平城仍是政治中心，有大量非生产人口聚集，如皇家成员、宫女、宦官、贵族、官员及其家属、驻防军队等，平城附近气候寒冷，平地不多，农业生产条件并不好，还常发生自然灾害，无法充分供应首都粮食与日用品的需求，只有从山东至河南的产地向北输送，其运输成本很高。尤其在与南朝作战时，军情紧急之下，首都的供应也不能停止，变成必须同时向南、向北两线输送，会造成运输成本大增，运输工具与人力调度困难。这个问题必须解决。

第四，北魏太武帝拓跋焘南征势如破竹，却在长江边自动北返，表示单凭鲜卑族的骑兵，并不足以消灭南朝，一统天下。那么，联合其他胡族共同出征如何？前秦苻坚曾尝试组成五胡联军攻打东晋，结果非但失败，其他四胡的军队还趁机调转枪口，成为他的掘墓人。由此看来，欲做整个中国的主人，只有使用汉人的方法，才能征服汉人的土地，更深远、更全面的汉化遂成为必须。然而平城接近塞外，作为北魏这个鲜卑国家的首都，城内及周遭住有大批鲜卑贵族，对于过去北魏政府提拔汉官、推展汉化的政策，许多鲜卑人早就不以为然，深恐因此失掉权势地位，常伺机反扑，崔浩之死就是他们反扑的结果。全面汉化的做法必然损及鲜卑贵族的自尊心与既得利益，在平城那个鲜卑保守气氛浓厚的地方进行，不但反对者众，事倍功半，困难无比，甚至保守派还可能谋划出弑君的阴谋。北魏历史中不乏弑君的先例，有心人再干一次，也不是不可思议。那么，究竟应该怎么办？

分析至此，一个可以解决所有问题的答案已经呼之欲出——迁都。

迁都洛阳

北魏孝文帝在太和十七年（493 年）七月启动迁都洛阳计划，这并非明白发布诏书，公开办理，而是在精心布置下，运用政治权谋的秘密运作。孝文帝先下令建造黄河浮桥、立太子、戒严，做足亲征南方的姿态，然后在平城召集群臣，义正词严地宣布讨伐南齐，亲自率领三十多万大军南下。出发时有臣下建议皇上携带一些宫女同行，孝文帝下诏说战争期间不近女色，公开严词拒绝，这等于宣布皇帝本人把所有女眷留在首都，全体将士当然要比照办理，间接表示大家仍然在平城安家落户，用以隐藏迁都的企图。

大军南下，渡过黄河，抵达洛阳。此时恰逢秋雨连绵，道路泥泞，行军困难，孝文帝仍然披甲戴盔，骑马出营，摆出继续亲征的架式。群臣拦住马，叩头请求不要再进兵，孝文帝才停止南征。这是不是另一场安排好的政治秀不得而知，但如此一来，这次浩浩荡荡的"南征"一场仗也没打，孝文帝宣布解严，筑坛禀告祖宗决定迁都，这才将此行真正的目的曝光。此后孝文帝巡视黄河以南地区，转到邺城，在此地新建的行宫中举行太和十八年（494 年）元旦大典，显然在评估究竟选择洛阳还是邺城做新首都，闰二月才回到平城。在旧都，他先召见留守群臣，说明迁都的计划，又到西北边区巡视一圈，抚慰守边将士，安定边区人心，再回到平城后，于十月份正式下令迁都洛阳。迁都的部署与实行费时将近一年半，从孝文帝如此苦心孤诣地规划与按部就班地执行，可见这是多么重大的事。

迁都洛阳的确意义重大，它是一场政治赌博。

一场用国家、民族下注的豪赌

对于孝文帝、鲜卑族与北魏政权来说，定都洛阳是冒着极大危险的举动。由于在当时的北魏帝国中，鲜卑族仅占人口的少数，拓跋氏更是鲜卑族中的少数，这样少数的统治者在深入汉人地区的洛阳建都，距离塞外草原非常遥远，一旦占人口绝对多数的汉人集体造反，在洛阳的鲜卑人将被层层包围，绝无逃出的可能。五胡十六国时期，350年发生的"冉闵屠胡"事件使邺城的胡人遭集体屠灭，距离当时并不遥远，胡人都该记忆犹存。

中国历史上北魏以后的金、元、清三个外来民族朝代有两项共同的特色：一是至少统治黄河流域，即半个传统中国领域，这与北魏相同；二是只要没有来自更北方的威胁，就始终都建都于北京，只有金朝末年在蒙古威胁下才迁都汴梁。但建都北京却与北魏孝文帝的做法背道而驰。

北魏以后，三个不同时代的外来民族在中原建立王朝时竟有不约而同的考虑，实际上基于一个共同的原因：相对于汉人，本族人口在中原地区处于绝对少数，因此统治中原必须做最坏的准备。北京距离长城很近，万一汉人全面反叛，实在无法抵挡时，皇帝、皇家与重要族人可以迅速撤退到塞外，徐图再起，不至于淹没在汉人的大海里，全体死无葬身之地。这种沿用几百年的政策在元代末年曾实际发生作用。当 1368 年朱元璋派遣的两路北伐大军势如破竹,即将冲抵元的首都大都(今北京)时,元朝在中国的最后一任皇帝顺帝率领亲属与蒙古贵族打开大都的北门,及时逃到今天的内蒙古地区。至此明朝虽然推翻了蒙古统治,但并未消灭蒙古人,随后双方以长城为界,塞外的蒙古人仍然能够与明朝持续对抗两百年以上,1449 年还有能力在土木堡一战中大败明军,俘虏明朝的皇帝英宗。

北魏建国之初,在长城以南只拥有山西北部,地盘不大,没有上述的顾虑,建都平城是自然之举。到孝文帝时北魏已经拥有黄河流域数十年,但仍未迁都,也未始没有上述的考量。所以北魏孝文帝迁都深入汉人地区,可说是在进行一场政治豪赌,押上的赌注是北魏的国运、鲜卑的族运和他自己的性命,赌的是这样做能迅速将北魏转变成中原国家,取得中国的正统地位,进而消灭南朝,统一天下。

这场自断退路的豪赌等于自废压箱底的武功,显然只可以赢,不可以输。迁都洛阳后,北魏中央政府已深入汉人地区。在这种前提下,必须追求在最短时间内取信于汉人,让中原地区的汉人很快认同这批南迁的鲜卑人,以求从此泯灭族群界线,双方水乳交融,合作建立新魏国。其做法就是汉化,而且必然是激烈的极端汉化、迅速汉化。总之,孝文帝既然必须在短时间内彻底改变鲜卑旧风俗、旧习惯,将鲜卑人改造成汉人,以求尽快融入汉族,则汉化势必走向极端,采取无条件、无退路、孤注一掷的全盘汉化政策。

在古今中外的历史上无条件引进文化并全面采用的事例十分罕见，通常一个政府决定引进外来文化，大多不会抛弃本身的文化。19 世纪后期全世界非西方地区都面临排山倒海而来的西方势力，许多国家、民族被迫采取学习西方的政策，但大都不愿放弃自己原有的文化，于是产生文化妥协现象。这种文化妥协的表现，在中国是"中学为体，西学为用""新思想，旧道德"等，在日本是"和魂洋才""东洋道德，西洋艺术，精粗不遗，表里兼该"等，在奥斯曼土耳其、印度、泰国等地也出现过类似状况。而北魏孝文帝的汉化做法，是历史上极其特殊的案例。

孝文帝决定将北魏置之死地而后生，迁都南方后，还必须选择新首都地点。以当时的情况看，从历史声望、地理环境、城市规模、人口数量及组成、经济条件、军事条件等因素考量，候选地不出邺城、洛阳二处。邺城①位居河北省南部，黄河北岸的支流漳水边，附近是大平原，农产丰富，漳水可通航，交通便利，自三国时期起就是华北的重要城市，五胡十六国时的后赵、冉魏、前燕都曾建都于此，在南北朝时期，许多北方汉人世家大族也聚居于此。洛阳则位居黄河南岸的支流洛水穿过的洛阳盆地中，腹地较小，经济条件逊于邺城，但历史声望超高，是西周陪都、东周、东汉、西晋首都，作为中国政治中心之一已有千年。

也就因为如此，洛阳地区战争频繁，屡次遭受兵火的破

---

① 今河北临漳。

坏，当时人口反而不多，世家大族也少。依此分析，邺城在经济、人口等方面领先，面对南北战争也比较安全；洛阳则在历史声望上是不二之选，却因位居黄河南岸，暴露在南朝攻击范围内，是一个进可以攻、退却不可以守的位置，兵法上真正的"死地"。北魏孝文帝以前，洛阳曾在356年东晋桓温北伐、416年刘裕北伐、430年南朝宋文帝北伐时三次被南方攻下；孝文帝以后，528至529年也曾被南梁的北伐军占领过。孝文帝应该不会不明白洛阳军事地理位置的特性，但仍然选择在洛阳建都，代表他确实胸怀大志，要做全中国的领袖，在处理国家大政上凡事敢作敢当，充满积极主动精神，在制定国家战略上放弃防御思考，选择背水建都，自居死地，采取全面攻势政策。

自从东晋、五胡十六国时期以来，世家大族不分南北，大致倾向以保持本家族的政治、经济、社会与文化地位为考量重点，并不乐见南北双方的局势发生重大变化。北魏孝文帝追求统一必定导致积极南伐，这从他不选择比较安全，也是世族根据地的邺城建都可以看出，这样一来，其实并不符合北方世族的家族利益。所以《魏书》记载孝文帝巡视邺城时，当地汉人世族对迁都洛阳都不赞成，迫使孝文帝在493—494年间四度前往邺城与他们沟通，他们的态度仍未改变。这应该也是孝文帝最后舍弃邺城，选择洛阳的原因之一，毕竟任何政治领袖都不希望首都的地方精英处处跟自己过不去。

不留退路的极端汉化

孝文帝立志做全中国的主人，因而决心汉化，迁都洛阳。迁都洛阳后鲜卑族与他自己都已经没有后路可退，汉化就成为必须，而且必须全面进行，彻底推动，尽快实现。这种无路可退的处境来自迁都，是孝文帝自己一手造成的，更是他主动选择的，所以全面汉化与迁都洛阳其实互为表里，相辅相成，有其一就不可缺其二。

由此可知，北魏孝文帝迁都与汉化，是为达成远大目标的两阶段做法，而且采取极端路线，完全不留退路，种种规划出于他的个人意志。注重意志的德国大哲学家康德、叔本华如果有机会读史至此，应当会感叹"吾道不孤""这个拓跋宏果然深获我心"。在意志推动下，孝文帝的汉化运动勇猛前进，迅速推出各种政策，实属必然。这些汉化政策包括：

改服装

494年最早推出。汉化首先就是改变衣着，规定人民改穿汉服，不得再穿胡服。衣服是人身份的象征，具有强烈的文化意义，胡服一禁，所有国民看上去全部成为汉人的样子，为汉化首要之举。

改籍贯、禁归葬

495年推出。规定迁居洛阳的鲜卑人，提到籍贯不得再称"代人"，必须改称"河南洛阳人"，且死后葬于洛阳，不得归葬北方。在此政策下，洛阳北郊的北邙山不久就充满洛阳鲜卑人的墓园。这种以落地生根取代落叶归根的政策，断绝了鲜卑人对故土的留恋，是使他们彻底汉化的重要手段。若不如此，鲜卑贵族生前住在洛阳，死后葬在平城或更远，家族墓地不在洛阳，难以对中原产生全面认同，终将无法成为中原世族。

禁胡语

孝文帝推动汉化中最重要的政策，就是495年将北魏帝国的官方语言改变，规定此后不准说鲜卑语或其他胡语，必须全面改说汉语，从朝廷命官开始做起。孝文帝的语言政策也考虑到了实际状况，规定：30岁以上的朝廷官吏，语言习惯难改，可以采取渐进方式办理；30岁以下的朝廷官吏，则强制不准再说旧日语言，若故意违反，会遭贬官甚至开除。

禁止胡语政策是否有配套措施不得而知，但以孝文帝的聪明，应该有所准备。不论如何，这道命令一下，我们可以想见当时洛阳鸡飞狗跳的样子，大群鲜卑官员忙着请老师、学汉语，心里揣摩着明天早朝如果皇帝点到自己问话，要怎样操着汉语答复。由于鲜卑语属于阿尔泰语系（Altaic languages）或蒙古语系（Mongolic languages），与属于汉藏语系（Sino-Tibetan languages）的古汉语发音、语法等相差甚远，尤其缺少汉语声调的差异。古代汉语原有"八音"（八个声调），以鲜卑语为母语的人即使努力学习，仍无法完全发出这八个声调，很难将汉语学得道地。因此从北魏孝文帝推行汉化开始，中国北方地区的外来民族不断学习汉语,却又发音不全的现象持续发生,遂使黄河流域通行的汉语逐渐发生变化,丧失部分声调,又经过金、元、清的统治,最后成为今日的普通话,只剩四声。

禁胡语也涉及政府公文。孝文帝规定北魏公文书中本来以鲜卑语发音的名词停止音译,改为意译,例如"可汗"改为"皇帝"、"可孙"改为"皇后"、"莫贺"改为"父"、"么敦"改为"母"、"阿干"改为"兄"等。由于鲜卑人可能没有本族文字,即使有也未能流传下来,因此这些记录的史料价值相当宝贵,等于是古鲜卑语–古汉语辞典。

改汉姓

鲜卑人的姓氏用汉语发音通常要用到二至三个字,过去写出来都是复姓。496年,孝文帝下令这些姓依照发音相近的原则,全部改为汉人的单姓。孝文帝先行示范,将拓跋氏改为元氏,从此他的名字成为元宏,不再是拓跋宏。当时众多的鲜卑姓氏改变,不少改成相当普遍的汉姓,例如下方表格所示。

鲜卑姓氏	拓跋	纥骨	独孤	丘敦	步六孤	叱罗	贺赖	侯莫陈	丘林	拔列	是楼	出大汗
汉姓	元	胡	刘	丘	陆	罗	赖	陈	林	梁	高	韩

所以现代许多汉姓的人士,实际上一千五百年以前的祖先可能是鲜卑人,而中华民族也就这样不断加入外来血统,不断演化,不断扩大。

通婚

婚姻是孝文帝汉化政策中的要点。孝文帝下令禁止同姓的鲜卑人结婚,并且积极宣导推动鲜卑贵族与汉族大姓通婚。他的冯皇后的家族长久与拓跋氏通婚,已经属于汉胡混血,此时他又纳范阳卢氏、清河崔氏、荥阳郑氏、太原王氏之女入后宫,又以陇西李冲之女为夫人,这些才是纯粹的汉人女子。上行下效,北魏皇室和许多鲜卑贵族亦娶汉家女子为妻妾,例如孝文帝的弟弟元勰就娶陇西李氏世族高官李冲之女为妻,北魏皇室公主和鲜卑贵族的女儿则有许多嫁给中原世族。迁至洛阳的鲜卑人的原有姓氏既不复存在,其鲜卑血统又与汉人血统大融合,很快,彼此间的差距缩小,鸿沟弥平,达到孝文帝汉化的目的。

北魏宫廷的这种政策与清朝皇室的婚姻及宫女制度恰好成为两个极端。清朝选择皇后多在满洲八大贵族中,又规定非八旗女子不得入宫,为的是保持皇室的旗人血统,同时减少汉人民怨。

同样是从东北入主中国的皇朝,北魏和清朝在皇室婚姻与后宫制度上竟截然相反,正可以看出少数民族在面对统治绝大多数汉人时的不同考量。

尊孔崇儒

孝文帝迁都洛阳后立即下令修建孔庙,并以皇帝的身份到孔庙祭拜孔子,又给予孔子后人土地和财产,让他们继续孔庙的香火。此举等于宣告北魏以儒家为立国思想,在儒、释、道三家思想激烈竞争的南北朝,自有其借由维护中国传统文化宣示正统地位的意义。

改官制

孝文帝采取曹魏与西晋的制度改革官制。设置三师、三公、尚书、中书、四征四镇将军(征东将军、镇南将军等共八名余类推)和九卿等中央文武官员;地方上州设刺史,郡设太守,县设县令,使北魏成为采用汉式官制的国家。

修订法律

孝文帝对刑法亦进行了改革,废除斩刑之前男女皆除衣裸体等旧法。他参与制定律令,咨询汉人世族意见,最后亲自下笔定稿,这种做法在中国历史上亦属罕见。

注重汉式教育与艺文

孝文帝从小接受汉文化教育,能讲解"五经"、讨论儒家的丧服制度,对史书传记、诸子百家也涉猎颇多,还能以汉文写诗。迁都洛阳后积极创办学校,搜集、整理天下书籍,鼓励鲜卑人学习汉文化,经过他的努力,五胡十六国战乱以来衰落的北方汉文化开始复兴。

恢复佛教

北魏太武帝灭佛使北方佛教大受打击,其孙文成帝为虔诚的佛教徒,即位后停止灭佛,佛教开始复兴,献文帝时继续。孝文帝是献文帝之子,受父亲影响,仍然采取提倡佛教、优礼僧人的政策。在平城时，孝文帝就礼敬来自印度的高僧跋陀，为他在云冈石窟中凿龛；迁都洛阳后，孝文帝又将跋陀请来，于太和十九年（495年）为他在嵩山建造少林寺，从此少林寺一直延续到今天，跋陀则成为这座举世闻名的佛寺的开山祖师。

洛阳作为北魏首都后，人力与财力都不成问题，佛教信众遂开始在洛阳郊外的龙门开凿石窟拜佛，此后持续进行，使龙门石窟成为中国佛教三大石窟之一，是佛教石刻艺术重镇。孝文帝时期，山西北部五台山的佛教也转趋兴盛。凡此种种，都使佛教在中国北方根深蒂固，也带动起佛教艺术的发展。

总之，北魏孝文帝的汉化运动若从文化交会与文化学习的角度看，实为一场全面、大胆而不留余地的文化选择与文化变动实验，可称"全盘汉化"。民国初年西方思想在中国流行并大受崇拜，中国思想界产生"西化派"，主张中国应该"全盘西化"。其主张若真能实现，那时的景象大约可以用此案例做一些推测。

孝文帝的南征与逝世

孝文帝的确有志于南征，南征并非他为迁都编出来的借口，这从他完成迁都后的所作所为可以明白看出：

太和十八年（494年）十月正式迁都，十二月即行南征。

太和十九年（495年）正月渡过淮水，二月登淝水之战时著名的八公山，路逢大雨，还与军队共同淋雨，以示同甘共苦，又赦免被俘的三千名南齐士兵，将他们遣返南齐，以进行政治作战。此后巡行淮河流域各地,五月才回洛阳,九月将后宫及随同迁都将士的家眷全部接到洛阳。

太和二十年(496年)处理几次叛乱事件,暂停南征。

太和二十一年(497年)八月再度南征,此次主攻西线,亲自率军出击河南、湖北交界地区,包围新野城。

太和二十二年(498年)正月攻克新野,二月大破南齐援军,杀死两万多人;十月转往东线,病重,经征召名医徐謇治疗后好转,返回洛阳。

太和二十三年(499年)正月至邺城,三月南征,连续获胜,却再度发病;四月病重逝世,得年三十三岁。

总计孝文帝从迁都到死亡之间的四年半中南征三次,都是亲自领兵,共投入约一年零九个月的时间,加上平定后方叛乱与巡视邺城,他留在洛阳的时间大概只有一半,还要颁布并推行如此多的法令、解决后宫的家务事(按,极为精彩,详情后述),实在是忙到团团转。从这个观点看,孝文帝的最后六年,就是一场意志与时间的赛跑,急于求成之下,身体健康不在他的考虑之列,终于促成他英年早逝,统一天下的宏图随之付诸流水。

至于孝文帝的死因,有人认为是肺结核,此因历史记载他的病情拖延,而且逐渐加剧,发病时曾自己形容"心容顿竭,气体羸瘠",他的弟弟元勰也说他"气力危惙"。他的病在498年冬天就已经非常严重,经过名医徐謇诊治后曾见好转,却在次年三月南征途中复发,终告不起,这些都比较符合肺结核的病况。他定计迁都后不停地紧张操劳,健康必定大受损伤,一旦染上任何慢性消耗性疾病,必将导致身心衰竭而死。由此看来,北魏孝文帝是一个以身殉事业的皇帝,殉身的原因在于他所图谋的事业太大,而且根本不是他的有生之年所能完成的。

孝文帝汉化的意义与影响

孝文帝的汉化政策出现在 493—499 年间,也就是他在位的最后六年。这段时间的北魏,可说是全看皇帝一个人指挥,众位鲜卑与汉族臣子只是配合演出而已。如此激烈的汉化政策,必然有反对者,少数不愿配合皇帝演出的,就立刻与皇权发生冲突,惨遭消灭,至少也被投闲置散,从中央权力结构中退出。反对汉化最戏剧性的一个人竟然是孝文帝的皇太子拓跋恂,身为太子的他随父定居洛阳,却因身体肥胖,不喜欢洛阳对他而言太热的天气,鲜卑贵公子的个性发作,居然趁父皇出巡,企图骑着好马溜回平城,还亲手杀掉了进谏的汉人臣下,快要出城时才被城门守将挡下。孝文帝闻讯大怒,赶回洛阳后召集几个弟弟,共同以家法惩治这个不肖子,轮流用棍棒揍了他一百多下,将他废掉后杀死。对于公然抗拒迁都与汉化两大政策的人,从拓跋宏变成元宏的孝文帝绝不手软,即使是对自己的接班人,也绝不手软。

迁都洛阳以后,孝文帝风尘仆仆,奔走各地,在洛阳的时间并不多,但他随时注意汉化政策推行的成果,不放过任何微小的征兆。一次他远征回来进洛阳城时，注意到有马车上的妇女头戴帽子，身穿窄袖短衣，依旧胡人装扮。这位皇帝当场并未发作，第二天找来辅佐太子留守洛阳的堂叔任城王元澄问话，史书中留下一段精彩的问答：

孝文帝元宏：经营国家的根本，以礼教为先。自从朕离开京城以来，礼教有没有日新又新？

任城王元澄：臣认为是日新又新。

孝文帝元宏：朕昨天进城，看见马车上的妇女有头戴冠帽，身着短衣的。这些人如此做，尚书为何没有察觉？

任城王元澄：这样穿的比不这样穿的还少些。

孝文帝元宏：这真奇怪！任城王想要大家都这样穿吗？古人说"一言可以丧邦"的，就是这个吧？应该要史官记录下来。

迁都洛阳以来，孝文帝对儿子、堂叔都如此不讲情面，显示国家权力已经集中于皇帝本人，北魏至此才彻底摆脱游牧部落联盟的残迹，不再受到传统鲜卑贵族的牵制，成为道地的君主专制帝国。

通过这次汉化运动，北魏中央政府的政治权力重新分配，皇帝得到最大部分，其余由皇室元氏家族与北方的世族共享。此时的北方世族当然包括迅速汉化的旧日鲜卑贵族，于是北魏成为皇帝—皇族—世族—百姓的标准魏晋南北朝式国家。当年崔浩希望通过"分明姓族""整齐人伦""复五等之爵"[1]，使北方

---

[1] 恢复公、侯、伯、子、男五等爵位。

世族纳入北魏政府体制，却遭到鲜卑贵族反扑，以致惨死，固然是汉人的大失败，也使北魏皇帝与拓跋皇族真正掌控国家的时间延后。所以孝文帝拓跋宏究竟是想掌握大权，做个真正的皇帝才迁都、汉化、南征？还是因为胸怀统一天下的大志，才以迁都、汉化来掌握大权，以便施展抱负？又或这两种想法曾在孝文帝脑中反复纠缠，连他自己都分不清楚？这个问题的答案势必因个人立场与思考方式的不同而见仁见智，有所差异。诚如克罗齐的话"一切真历史皆当代史"，在此只有请诸位读者自行判断了。

总之，北魏这次重大的历史转折，应该从鲜卑人，尤其是最高层鲜卑统治者的角度观察与思索，才能得其真相。转折之后，北魏已非旧日在平城的北魏，诚如孝文帝最有才华的弟弟元勰于太和二十一年（497年）奉皇兄之命，在十步内吟成的诗：

问松林

北魏　元勰

问松林，松林经几冬？

山川何如昔？风云与古同？

经过如此激烈的变革，正如元勰的感触，北魏的山川已不如昔日之貌。此诗吟出两年后，孝文帝去世，北魏的新问题不久就随之扑面而来，那将是我们在下一章中探访的目标。

第三章

绮丽对质朴,文野起冲突
——北魏的分裂与内乱

南望金辉照碧萝,洛宫风送白花歌。
一城声色追权势,六镇烽烟起盾戈。
汉化但知骄部曲,胡氛不改崇马驼。
河阴沉水三千贵,地下元宏泣逝波。

1974年12月中旬，我服役期间在政治作战学校受训，一天晚上轮到站12时至2时的卫兵岗，从被窝里被前班卫兵推醒，匆忙着装、背口令，接哨后手端步枪，腰挂刺刀在营房外巡逻。时值深冬，月色凄清，一阵冷风吹来，不觉连打几个寒颤。转头一望，新北投方向的天空仍然霓虹灯闪烁，呈现诡异的红红绿绿颜色，那卡西的歌声随风隐约可闻。

是的，北魏后期驻守西北边区的军人也面对类似的状况，只是他们的反应是抄起枪杆，杀向那个灯红酒绿、纸醉金迷的首都洛阳。

凉风起天末：孝文帝的家务问题

迁都、汉化政策实行后，北魏很快遇到新一波的问题。最早的问题竟然出现在孝文帝的家庭中，这恐怕完全出乎他的意料。

490年，孝文帝在祖母冯太皇太后去世后亲政，立冯氏为皇后。这位冯皇后出身长乐信都冯氏，家族与拓跋氏几代通婚，她是高官冯熙与博陵公主的女儿、文成帝冯皇后的侄女，可谓亲上加亲，尊荣已极。然而冯家一如古代将女儿嫁入后宫的家族的传统，出嫁的不只一个。在冯皇后以前，冯家已经有一对姊妹入宫，都成为孝文帝的嫔妃，其中一位早死，另一位冯氏美丽娇媚，甚得孝文帝宠爱，但因生病，被太皇太后遣送回家。祖母既然不在，孝文帝难忍对她的思念，遂将她再度迎接入宫，封为昭仪。冯昭仪是冯皇后同父异母的姊姊，又早经入宫，却因母亲出身婢女，不及妹妹高贵，只能身为嫔妃，对此耿耿于怀，遂千方百计攻讦皇后妹妹，终于说动孝文帝，废冯皇后，以冯昭仪取代。第一位冯皇后"贞谨有德操"，并不争斗或抱怨，被废后出家为尼，得以善终。北魏版的宫斗至此告一段落，但更大的问题接着开始了。

此时北魏已经迁都，孝文帝屡次南征，长年在外，美丽娇媚的第二位冯皇后居然在洛阳公然与人私通，情夫名叫高菩萨。恰巧孝文帝之妹彭城公主丧夫，冯皇后向孝文帝为她的同母弟冯夙求婚，孝文帝同意将妹妹嫁给冯夙，公主不愿，冯皇后定下日子要强迫公主再嫁，公主就带领十几个侍从溜出洛阳，乘坐轻便的马车在雨中奔驰，直到南方前线面见皇兄，当面诉说不肯嫁冯夙，还把皇嫂养情夫的事和盘托出。当时已经病重的孝文帝闻讯大为惊愕，还不敢完全相信，只得赶回洛阳亲自处理，于是中国历史上空前绝后的皇帝夜审皇后事件登场。

孝文帝回到洛阳就逮捕了高菩萨与皇后身边的宦官、侍从等，审讯明白，晚上命令高菩萨一干人等站在室外，再召来皇后。冯皇后到达时，皇帝下令搜查皇后，只要找出一寸长的小刀，就立刻斩首。皇后进屋后哭着叩头赔罪，孝文帝命皇后坐在离自己两丈远的地方，然后叫高菩萨等人招供，责备皇后说："你有什么妖术，都说出来。"皇后要求左右人员离开，皇帝下令其他人离开，只留下一名官阶三品的太监白整在侧，拔出卫士的一把刀指向皇后，皇后还不肯讲。皇帝就用丝絮牢牢塞住白整的耳孔，小声呼叫，白整毫无回应，这才命令皇后说。皇后说了些什么，史书说事情隐秘，无人得知。皇后说完后孝文帝喊两个亲王弟弟进来，说："从前是你们的嫂子，今天就是别人，进来不用回避。"然后对两个弟弟说："这个老女人想把白刀子插在我肋上，你们仔细问明白来龙去脉，不要顾忌。"又说："冯家的女子不能再次被废，姑且让她闲坐在宫里，要是有心就自杀好了，你们不要说我对她还有情分。"夜审之后孝文帝赶回前线，继续南征，冯皇后留在宫中，仍然有皇后的待遇。不久在前线的孝文帝病情恶化，自知不起，遗命要冯皇后自杀，但以皇后的礼节埋葬。孝文帝死后，白整等人执行遗命，冯皇后还不肯接受，被强迫灌下毒药而死，谥号为"幽皇后"。

这是一则精彩的八卦，在中国历史上的宫廷八卦中特别突出，被后代许多好事者津津乐道。对我们探访北朝历史而言，八卦之余，应该思考的则是它在文化变迁上的意义。北魏孝文帝是个汉化唯恐不及的皇帝，若以中国传统典籍《大学》所立的人生标准而论，他在"诚意、正心、修身"三项都表现优良，但到"齐家"一项就不及格，虽然在"治国"上努力以赴，也获有一些成绩，但并未克竟全功，当然就无法"平天下"。孝文帝为何不能齐家？可能的答案是他既然全盘汉化，则他的家若要齐，就必须让家人都符合传统儒家的标准,全都跟着汉化。可是他的第二位皇后冯氏显然完全违反"嫡庶有序""姊友妹恭""贞节""温良恭俭让"等中国传统家庭的基本伦理与妇女品德,充满我行我素的北朝豪放女性格,身上存在着游牧社会女性的烙印,当然无法成为一个汉文化帝国的六宫之主;他的太子根本拒绝汉化,一心只想回平城旧都,甚至他妹妹彭城公主不满哥哥、嫂嫂安排的婚姻,就溜出首都到前线告状,也是一个游牧民族女子的行径。这一切可以说明拓跋皇室家族本身汉化的困难。

孝文帝全盘激烈汉化面对的阻力太大,迫使他必须施展全力对付鲜卑贵族、朝中大臣、汉人世族、南征军队、西北边区……却可能因此忽略自己身边的家人。结果汉化的皇帝与仍未汉化的皇后、太子之间必然发生冲突,导致孝文帝家庭的这一连串悲剧。就文化而言,元恂太子与第二位冯皇后的悲剧,早早说明了孝文帝全盘激烈汉化政策中,鲜卑族传统的疏离与对抗。孝文帝汉化带来的隐忧若是一座冰山,太子、皇后的事件就是冰山露出的那一角。

南迁、汉化与北魏衰落

孝文帝拓跋宏为求在中原生根,进而兼并天下,采取置之死地而后生的策略,迁都洛阳,继之以激烈的全盘汉化政策,完全不留退路,希望短期内将鲜卑族融入中原,甚至因此逼死了不愿汉化的亲生儿子。结果随同他南下的鲜卑人果然迅速汉化,形成一个汉化鲜卑的世族集团,但也迅速腐化,并且从鲜卑的传统中疏离出来,变成与汉人皇族或世族无何差别,结果几十年后就不得不面对悲惨的命运。到北朝末期,这个集团有些成员被消灭,存留下来的则融入北方的世族社会,延续到隋唐时期。

北魏南迁洛阳后,中央政府位于这个帝国的南端,深入农业地区。帝国的重心在此,导致经济上农业生产有所发展,占国家经济的比重增加,加上丝路贸易带来的财富流入首都,形成一片繁华景象。与此同时,以洛阳为中心的鲜卑贵族汉化日渐加深,在"饱暖思淫欲"之下,北魏统治者日趋腐化,追求享受的风气大起,贪污聚敛,吏治随之逐步败坏。例如当时的高阳王元雍"富兼山海",其住宅、园囿像皇宫一样豪华,家中僮仆多达六千,侍女五百,一餐花费数万钱。河间王元琛常想和元雍"斗富",他以拥有西域珍宝著称,家中畜养骏马十余匹,马槽用银制,窗户装饰着玉凤、金龙,饮宴时用水晶、玛瑙、红玉酒杯,都是异域产品,旁边陈列各种珍宝,喝到差不多就带领宾客参观仓库,只见金钱、绸缎堆积如山,无法估算。这两人斗起富来,奢侈豪华程度甚至超过斗富开山祖师——西晋的石崇、王恺。主管政府人事的吏部尚书元晖被称为"饿虎将军",只因他卖官鬻职都有定价,当时的吏部成为卖官市场,花钱买官的人自然是将本求利,无一不贪,这些官吏被民间称为"白昼劫贼"。地方州郡的刺史、太守也聚敛无已,征收租调税收时,将官方度量衡器具放大,采用长尺、大斗、重秤收税,公开加码,剥削人民。

就在这时候,南朝梁建立,在梁武帝萧衍统治下日趋强盛,屡次主动北伐，南北战争激烈。为支持战争，北魏的兵役和徭役大量增加，大批农民本来就已经被赋税加码与官吏贪渎逼得透不过气，此时加上兵役和徭役，许多小农因此破产，甚至家毁人亡。破产的农民纷纷投靠豪强，重新沦为世族的依附人口，有的则出家为僧尼，以逃避赋役。当年冯太后苦心孤诣推动的均田制迅速损毁大半，北魏政府控制的编户人民日益减少，政府收入随之减少。北魏统治者面对此种状况，反而官官相护，保护贵族利益，加重剥削剩余的编户农民，曾多次实施"检括逃户"，搜捕逃亡的农民，于是激起农民的反抗。515年，孝文帝死后不过16年，冀州僧人法庆领导大乘佛教徒众起事革命，以"新佛出世，除去旧魔"为口号，一时声势浩大，北魏政府动员十万军队才镇压下去。

农业地区的反抗还比较容易对付，但北魏后期面临更深刻的问题：南迁后，国家实际上很快分裂成两半，一半为南迁后汉化的社会，另一半为留守北方维持鲜卑传统的社会。前者高高在上，繁华炫丽却奢侈腐败；后者地位低落，质朴保守却强悍尚武，在文化上尤其格格不入。北魏既然已经在社会与文化上分裂，则中央政府若不能维持二者间的平衡，社会与文化的分裂势将演变成军事与政治的冲突。在洛阳的北魏中央政府显然忽视了这个问题，于是随着时间的推移，二者越发不能协调，最后双方决裂，全盘汉化的苦果终于浮出水面。524年平地一声雷，留守北方维持鲜卑传统的社会在备受鄙视状况下发生动乱，称为"六镇之变"。这种来自边远地区的鲜卑强悍传统的冲击，终将摧毁这个内部已经腐朽的国家。

孝文帝的遗泽与遗祸

北魏孝文帝可称一代英主、一代贤君,但他于南迁四年后死去,北魏从此走向衰败与分裂之路。对于这样一位君主究竟如何评价?他的一连串政策遗留给北魏的,究竟是遗泽还是遗祸?这是探访北朝历史时必须面对的问题。

其实这个问题早有人讨论。曾纪鑫曾归纳过去对北魏孝文帝的评价,大致可分为三种观点:

一是赞扬肯定。认为他推动民族融合,使北魏社会稳定、经济繁荣与文化进步。此说也认为,孝文帝的全盘汉化是顺应历史发展潮流,也是不得不采取的改革方略。

二是褒贬兼有。肯定孝文帝汉化改革,但认为他不该不加选择,将汉族文化的精华与糟粕一概吸收。例如汉化确立门阀制度,使鲜卑贵族日益腐化无能,还使得原有军人地位下降,士气低落,鲜卑族失去尚武精神。

三是全盘否定。认为孝文帝的汉化是迂腐的、消极的,只学到汉人的繁缛礼仪与贪渎腐败,丧失鲜卑人原有的勇武质朴特色。他的改革导致民族的柔弱与国家的衰亡。

不论肯定或否定,仔细分析,这些看法都有"以今人之心,度古人之腹"的嫌疑。要想得到较为中肯的答案,只有以当时的环境作为大前提,加上当事人孝文帝的目标与意志作为小前提，才能推导出合理的结论。

孝文帝有必须迁都的理由，也以皇帝之尊做出了全盘汉化的选择，但他并没有忘记迁都、汉化后可能发生的副作用，也曾设法预作防范，这从他宣布迁都后就回到旧都平城，然后立刻出巡西北边区，对这两个地方加以说明及安抚即可看出。这次巡视对西北边区的效果如何，史书并未记载，唯以当时孝文帝的威望，应该至少能暂时消除当地的疑惧，安抚住这些地区。"修补西北围篱"的工作完成后，孝文帝回到新都洛阳，展开他一边汉化、一边南征的伟大事业。不幸的是，他的健康随着到处奔波与过度工作而迅速恶化，遂不再有能力与时间照顾西北边区，不久就去世了。

孝文帝死于南征军中，在他生命的最后阶段，南征在外，军务倥偬之际，还要处理皇妹告嫂、皇后偷情这样的家务事，很可能忽略或来不及向497年新立的太子元恪（宣武帝）耳提面命，要儿子特别注意西北边区的潜在危险，妥善因应，预为防范。不过，即使孝文帝曾经这样做过，从史书所记载的宣武帝元恪看来，恐怕他也不会认真执行，因为他在位的17个年头中，一反父亲与祖先们巡行帝国各地的常态，居然没有离开过洛阳一步！性格温和、懦弱的继任皇帝带头遗忘半个帝国，上行下效，孝文帝迁都、汉化的副作用遂迅速浮现。

从此在这种状况下，西北边区与洛阳中央很快越行越远。洛阳中央不但并未发现或重视国家实际已经分裂的问题，反而越发贪图享受，贪渎腐败。统治者堕落，中央政府必然迅速衰落，此时却还要作威作福，终于导致国家内部被忽视与被歧视的一半以武力反抗，衰落的中央无法招架随之而来的动乱，北魏也走到终点。

北魏的历史如此，对于同样处境的后代王朝而言，就成为一个负面的先例。以后的北方民族征服王朝如辽、金、清，似乎都曾以此为鉴，在全国一部分属于汉文化区，一部分不属汉文化区的局面下，建都于二者交界的北京，对二者采取不同的方式统治，并以同等重视的做法维持双方平衡，故能避免二者决裂，国家也能存在较长的时间。例如辽以燕京①为南都，皇帝每年依季节游走于各都之间，使全国各种不同的地区都得到照顾，全国官署还分为管理汉人的"南面官"和管理非汉人的"北面官"二系统；清代前期皇帝常常举行"木兰秋狝"，每逢秋季率领大队人马赴关外狩猎练兵，同时接见草原民族领袖，处理大清帝国非农业地区的事务。道光以后，木兰秋狝不再举行，清朝也进入衰败期。

孝文帝的作为，使北魏成为真正的中央集权帝国，确立北魏对淮河以北地区的长久统治，洛阳也迅速繁华起来；他的汉化政策，使北方民族融合的速度增加，民族冲突的苦难减少，种种成果，都是他带给北魏与中华民族的遗泽。然而他的计划过于庞大，意志过于刚强，生命过于短暂，结果事业未能完成，继承人也未曾调教妥当，又输掉了事业与健康的赛跑，赍志而殁。他死后留下北魏帝国内部两个地区间巨大的差异，渐渐从

---

① 今北京。

互相轻视变成敌视，累积到临界点后一举爆发，不可收拾。北魏后期的历史，其实可以视为孝文帝一面倒文化政策的后果。如果没有孝文帝的激进政策，北魏在汉化的大方向不变之下，汉化的速度应该会减缓，带来的冲击也随之变小、变慢，全国比较容易协调。孝文帝激进的汉化政策加上配套措施不足，使潜在的问题扩大并提早显现，因此也可以说是他给北魏的遗祸。

北魏后期诸帝

北魏从孝文帝之子宣武帝在位时起，迅速步入后期的衰运。北魏后期的皇帝与皇室在历史课程中受到的关注一向比较少，导致社会大众对他们的认识也比较少，为此在探访北朝的过程中先行略述，毕竟他们主导着北朝后段的发展与演变。这又是一段读起来让人不很舒服的历史，请先有心理准备。

宣武帝元恪（483—515 年，得年 33 岁，499—515 年在位）

孝文帝元宏第二子，母高昭容，17 岁即位，最初由六大臣辅政一年多。

宣武帝是父亲迁都与汉化政策的积极拥护者，也是个彻底汉化的皇帝。501 年开始亲政后，他下令大举扩建京城洛阳，拒绝旧鲜卑贵族迁回故里的要求，继续全面推行汉化政策。在他的统治下，孝文帝的汉化政策完全巩固，在以洛阳为中心的帝国南部，民族差异缩小到几乎消失，政治、社会与文化则趋向门阀化，汉人与汉化鲜卑人的世族兴起，渐渐向南朝看齐。

然而这种状况也使元氏皇族趋向逸乐，力量减弱，缺乏皇族的能臣、名将辅佐皇帝，果然在507年对南梁的战争中大败，折损兵马十余万，武器、资材、牲畜、粮食丧失无数，中央政府的军事力量大幅削弱，更不利于统治整个帝国。至此宣武帝仍然不知警惕，不改得过且过、好逸恶劳的习性，不出洛阳一步。到这个时候，北魏中央等于已经耳目不灵、手足无力，皇帝与政府高官不再了解自己的国家，也不再有能力控制国家的另一半，于是不可避免地，这个国家也离他们远去。再从民族的角度看，北魏皇帝的另一身份是鲜卑民族的领袖，今日鲜卑民族已经是一个消失的民族，几乎没有痕迹留存，也正是在宣武帝作为民族领袖时开始消亡的。

孝明帝元诩（510—528年，515—528年在位，被杀，得年19岁）

宣武帝元恪之子，母胡充华[①]。528年，元诩被其母毒死，只得年19岁。北魏的政治在这段时期迅速恶化，母子亲情、君臣道义、同僚情谊都荡然无存，只剩下人性的贪欲与权谋算计，最后赤裸裸的暴力出现，将北魏政权粉碎。

515年，北魏宣武帝病逝，太子元诩继位，年仅6岁，其母胡充华因宣武帝废止"母死子贵"制而存活，成为太后。胡太后当政，小皇帝叔父太傅兼侍中元怿辅政。太后将元怿纳为情人。520年，北魏统治集团内部发生火并，胡太后的妹夫元义与

---

① 充华，女官名，北魏后宫九嫔之末。

太监刘腾等人密谋,将元怿杀害,又把胡太后幽禁,二人专制朝政。

525年,胡太后发动反政变,重新掌政,孝明帝仍是傀儡。此后胡太后的新情人郑俨、徐纥把持内外,政治每下愈况。528年,因受胡太后掌控,在公众场合只能吟出"恭己无为赖慈英"这样诗句的孝明帝,终于设法向亲生母亲夺权,密召镇守山西的大将尔朱荣率兵入京,以对抗胡太后。恰好此时潘妃生下一女,胡太后遂先下手为强,宣称生的是男孩,大赦天下,同时将亲生儿子孝明帝毒死。

幼主元钊(526—528年,被杀,得年3岁,528年在位)

北魏皇族。528年,胡太后毒死孝明帝元诩,并对外宣称皇帝暴崩。胡太后先是将孝明帝之女伪称为皇子,立为皇帝,后发觉真相难以隐藏,乃改为拥立年仅3岁的元钊为帝。消息传出,天下震惊,都认定太后害死孝明帝。将领尔朱荣以此为借口,另立元子攸为帝,带兵攻向首都,大败中央军,只用了15天就占领了洛阳,元钊及胡太后被俘。尔朱荣将幼主元钊和胡太后沉入黄河,并杀死两千多名大臣。此事发生在黄河南岸,河北岸为阳,南岸为阴,故史称"河阴之变"。

孝庄帝元子攸(507—530年,被杀,得年24岁,528—530年在位)

彭城王元勰(孝文帝拓跋宏之弟)的嫡子,他姿貌俊美,通诗书,有勇力,自幼在宫为孝明帝伴读,与孝明帝颇为友爱。528年,元子攸被率兵南下的军阀尔朱荣拥立为皇帝,实际上是傀儡，还被迫娶尔朱荣之女为皇后。

530年，孝庄帝不堪尔朱家族的压迫，谋杀尔朱荣，尔朱族人尔朱兆立即率领大兵攻入洛阳，将孝庄帝俘虏到晋阳[①]绞死。孝庄帝是个命运多舛的末世君主，528年南梁军兵临洛阳，只得弃城而逃，一年多后，他临死前感触深沉，向佛祖礼拜，发愿生生世世不做皇帝，留下一首绝命诗，道尽他凄凉的末路：

权去生道促，忧来死路长。怀恨出国门，含悲入鬼乡。隧门一时闭，幽庭岂复光。思鸟吟青松，哀风吹白杨。昔来闻死苦，何言身自当。

长广王元晔（508—532年，被杀，得年25岁，530—531年在位）

尔朱兆立的傀儡皇帝，在位4个月被废，被杀。

节闵帝元恭（498—532年，被杀，得年35岁，531—532年在位）

尔朱家族再一次立的傀儡皇帝。此时尔朱氏被另一军阀高欢击败，节闵帝也于532年被高欢所废并毒死。

安定王元朗（513—532年，被杀，得年20岁，531—532年在位）

被高欢拥立的傀儡皇帝，在位6个月被杀。

[①] 今山西太原。

孝武帝（出帝）元修（510—534年，被杀，得年25岁，532—534年在位）

北魏最后一位皇帝，为高欢所立的傀儡。534年，他因不堪高欢压迫起而反抗，战败后，逃出洛阳，投奔关中军阀宇文泰，却被其所杀，北魏结束。元修死后西魏定谥号为孝武皇帝，东魏不予承认，称元修为出帝。此后高欢、宇文泰各自拥立一个傀儡皇帝，都自称魏国，史称东魏、西魏，北朝历史进入后期。

北魏宣武帝以后，24年间出现七个皇帝，而且全部被杀，可见其政治动乱的程度。这种悲剧可说在孝文帝、宣武帝时已经形成趋势，但使大局加速恶化，则与胡太后的统治有关。

胡太后当政（515—520年、525—528年）

胡太后是北魏宣武帝妃嫔、孝明帝生母。这位女士是以太后、母亲的身份杀死皇帝（也是亲生儿子）的极少数案例主角。

她容貌美丽，文才颇高，也擅武艺，名字却不得而知。她有位姑母出家为尼，经常出入宫内，就引荐她入宫，她很快受到宣武帝的宠爱。当时北魏后宫实行"母死子贵"制度，后宫女性皆不愿生下皇子，胡氏却感叹国君不可无子，宁可不顾自己的生命。510年，胡氏生下皇子元诩，是为宣武帝的长子，宣武帝已经28岁，在习惯早婚的古代，可谓得子极晚。史书记载当时北魏宫中"频丧皇子"，其中必有非自然死亡者，可见"母死子贵"制度的影响，这也使元诩生下后就被抱走，并非由胡氏哺乳养大，母子感情应该也因此受到影响。

完全汉化的宣武帝废除了"母死子贵"制度，胡氏得以存活。

515年，6岁的元诩登基为孝明帝，胡氏成为皇太后，临朝听政。以北朝的标准看，胡太后无疑是女性的佼佼者。她美丽非凡，善读书做诗，通晓佛理，箭术高明，吟得出"化光造物含气贞"这样的七言诗句，拉弓射箭可以正中针孔，亲览政务，自批公文，还常接纳人民有冤屈的陈情，亲自考试政府官吏。然而这一切都无法掩盖她骄傲自大、自我感觉良好的个性与对实际情况的无知与漠视。这位太后曾巡视国家绸缎仓库，后面跟着一百多人，包括王公大臣、宫廷女性，等等。太后居然下令所有随从人员可以任意搬取绢帛回家，只见众人一拥而上，拼命拿走国家的绸缎，拿走一百多匹还算少的。一位亲王和一位尚书令搬得太多，不堪负荷，摔倒在地，太后叫他们空手而回，成为当时的笑柄。

这件事或许是胡太后操控臣下的权谋，但即使如此，其做法也太不可取，只暴露出太后本人目光短浅、任性妄为、奢侈浪费与对人民血汗、国家资产的轻忽。这种大规模的赏赐时常发生，受惠者都是围绕在太后身边的一群人，永远不及普通百姓。同样的心态也可以解释胡太后对佛教的做法：永无止境地修建佛寺，大规模斋僧，动辄几万人，下令全国各州都必须兴建五层佛塔，于是皇族、高官、宦官、军官等在洛阳竞相建造佛寺，互相比赛高大壮丽。这种种做法在十几年间就使国家府库枯竭，民力疲弊，等到北方军阀的铁骑一来，洛阳全面毁坏，一切的宏伟壮丽都变成昙花一现，只留下《洛阳伽蓝记》这本书中的文字，述说着北魏后期那段短暂而畸形的繁华。

胡太后北朝豪放女的性格也表现在她的感情与性生活上。

作为太后,她不乏情夫,这本是北朝宫廷的常态——例如她看上年轻英俊的将军杨白花,便加以"逼幸",将他纳入情人之林,然而杨白花在不得已出入宫闱后,却嗅出危险的气息,等到父亲一去世,便找个机会投奔南朝去了,可谓识时务者为俊杰。胡太后作为一个有文采的多情女子,当她发现以太后的地位与威权也无法保住中意的情郎杨白花时,便作出歌曲,命几百个宫女列成长排,手臂相扣,以足踏地为节拍,唱出太后的无尽思念:

杨白花歌

北魏　胡太后

阳春二三月,杨柳齐作花。

春风一夜入闺闼,杨花飘荡落南家。

含情出户脚无力,拾得杨花泪沾臆。

秋去春还双燕子,愿衔杨花入窠里。

这个故事太过鲜明,以至成为诗人吟咏的题材,例如一千多年以后,晚清诗人丘逢甲有诗:

杨花　六首之一

清　丘逢甲

蒙蒙飞送魏宫春,揉雪团云逐塞尘。

燕子不衔窠里去,渡江愁煞踏歌人。

大地震将到时，敏感的动物可能会预先设法逃跑。当北魏宫中响起这首情歌时，曾被胡太后逼上床的杨白花将军已经看清形势，改名杨华，跳下北魏这艘即将沉没的大船了。

在北朝与以后的北方民族王朝，太后是否有情人，以及太后是否用情人管理国政，其实都无关紧要，重要的是，太后是怎样的太后，以及太后的情人是怎样的人。辽朝太后萧燕燕就有汉人情人韩德让，萧燕燕是英明的太后，韩德让是忠心又有才干的大臣，在他们的合作下，稳定辽朝政局，又率军南侵，迫使北宋与辽订立"澶渊之盟"，辽进入强盛时期。胡太后第一个情人清河王元怿风评不差，却在北魏高层内部夺权斗争中被杀，可是胡太后再度夺权成功，志得意满之下找的几个情人都是谄佞之辈，借着太后的宠幸胡作非为。胡太后用他们当政，只是扩大皇家母子冲突，加速大动乱的到来而已。

孝文帝激烈的汉化政策带来的后遗症在524年正式出现，北魏随即陷入大乱。这场要了北魏帝国性命的大乱，最早的星星之火来自西北边区的基层军民，称为"六镇之变"。

六镇之变

524年（北魏孝明帝正光五年），北魏北方边疆地区爆发大规模动乱。动乱起自六镇地区，故称为"六镇之变"。

所谓"六镇"是六个边防军屯驻处,即御夷镇①、柔玄镇②、怀荒镇③、抚冥镇④、武川镇⑤、怀朔镇⑥,都位于阴山山脉南麓。北魏太武帝拓跋焘大破柔然后,为保卫首都平城,沿阴山设立六镇,派兵驻防,历代沿袭,成为北魏西北边区的国防要地。又因军队长久驻屯,军眷聚集,相关产业应运而生,六镇渐渐具有相当的人口与经济力,成为一连串军事市镇,六镇地区也成为北魏国内的边防特别区。

驻防六镇的都是职业军人,本来在北魏的社会阶级中属于贵族,种族则包括鲜卑、汉人与其他胡人,文化为传统鲜卑文化,当地汉人已经胡化,风俗习惯更倾向于鲜卑。孝文帝迁都洛阳、激进汉化后,六镇一带忽然变成国家偏远军事地区,与洛阳的中央差异越来越大。六镇地区鲜卑传统文化深厚,迁都后北魏中央政府忙于推动汉化与对南朝作战,贵族高官则贪污腐败,贪图个人享受,从此根本无暇也没有意愿管理此一地区,导致六镇地区始终无法汉化,在心理上、文化上与中央的差异与隔阂日深。

迁都洛阳后,北魏的军事重心变为南方前线,北方防务逐渐不被重视,六镇将领的地位迅速低落。何况自从北魏汉化,推行九品中正制度以来,仕宦途径被南迁的世族把持,六镇人

---

① 今河北赤城北。
② 今河北天镇县境。
③ 今河北张北。
④ 今内蒙古四子王旗东南。
⑤ 今内蒙古武川西南。
⑥ 今内蒙古固阳西南。

以前出仕做官、免除税役的特权都被取消，遂由"国之肺腑"逐步沦落为"镇户"，等于魏晋以来的世袭兵户。当迁到洛阳的鲜卑大族子弟受到汉化的洗礼，通过九品中正制人人荣显、富贵安适的同时，六镇驻军的社会地位却沦落到低层。驻镇军官被排斥在"清流"之外，升迁困难，镇兵的地位更是低贱，与谪配的罪犯和俘虏为伍，受到镇将、豪强残酷的奴役和剥削。北魏南迁后，塞外的柔然部死灰复燃，又转趋强盛，不时进扰掠夺，士卒生活更加危险与困难。北魏政府对此视若无睹，不加理会，反而在眼不见为净的心理下，常将贪赃有据的不良官吏与重刑犯人调入此处，当地的社会与经济问题因此更加严重，矛盾更加激化。六镇军民的不满累积超过临界点，终于酿成武装起事，又因基层军民受压迫最重，故叛乱起自基层。

正光四年（523年）底，沃野镇人破六韩拔陵因与指挥官失和，杀掉官员造反。后自称"真王"，攻克沃野镇，又北进包围武川、怀朔二镇。不久柔玄镇镇民发动叛变，民变领袖莫折大提攻占高平，关陇响应。至此，六镇尽为反叛镇民所占据。

正光六年（525年）二月，胡太后和孝明帝发动政变，夺回政权，随即派使节出使柔然，要求柔然协助平叛。柔然出兵十万向西进逼沃野镇，连战连捷，大败六镇军，北魏也派元琛率军自平城出发，并分化招降六镇军。525年破六韩拔陵渡河逃亡，六镇之变平定，六镇兵、民二十万被俘，北魏政府将他们迁离家乡，分配在今河北的瀛、冀、定三州就食，至此六镇总算安定下来，然而河北又立即发生问题。

河北民变

六镇二十万被俘兵、民安置在河北三州之时，河北正遭遇水旱之灾，本身粮食已经甚为窘迫，根本不愿也无法分给这些外来人，于是移民大批逃亡，聚集成群，自行觅食，河北到处动荡。525年八月，原柔玄镇士兵杜洛周聚众于上谷①起事，北魏出兵镇压，双方屡经缠斗。527年，民变领袖葛荣击败政府军，进逼邺城。528年初，民变领袖杜洛周也攻克河北南部各地。不久，民变军发生内哄，葛荣杀死杜洛周，统领其军。

此时河北的民变军有几十万众，民变的效能扩散，山东、关陇接着爆发民变，其他各地也都出现了规模不等的民变，北魏中央军疲于奔命，备多力分，已经无法镇压，于是手握重兵、镇守太原的胡人大将尔朱荣变得举足轻重。

尔朱荣早有图谋中央的野心。528年，胡太后、孝明帝母子反目，孝明帝密召尔朱荣为援，尔朱荣求之不得，进军中央，北魏朝廷迅速被尔朱荣控制。尔朱荣随即调动四路大军三十六万人进逼民变军。葛荣战败被俘，押至洛阳斩首，河北民变平定，但北魏政权已落入尔朱荣之手。

六镇之变与河北民变是王朝末年因政治不良与民生困难引爆的基层革命，类似秦朝末年的陈胜吴广起事、东汉末年的黄巾起事、东晋末年的孙恩卢循起事、唐朝末年的黄巢起事、清

---

① 今河北怀来。

朝后期的太平天国起事等。这种革命起自基层，一时声势庞大，中央政府本身的力量无法镇压时，往往求助于地方军阀、官员、豪强、世家大族等，给予他们特殊资源，或允许他们有自行招兵作战、自行取得粮饷等特权，结果基层的革命被这些人镇压后，这些人却变得尾大不掉，中央政府空虚化，不久灭亡，全中国也陷于分裂与动乱。

河阴之变与尔朱氏专权

528年，尔朱荣拥立孝庄帝，把胡太后和幼主元钊带到河阴①，投入黄河淹死，然后又以新主皇帝祭天，召见百官为名，诱使两千多名官员齐集陶渚②，在众多骑兵包围下，尔朱荣历数百官罪状，将他们全部杀死，史称"河阴之变"。事变使北魏朝廷官员为之一空，这对尔朱荣集团而言是好事，因为绝大部分的职务空缺都由尔朱荣的部下补上，人人升官发财。

尔朱荣的女儿原为孝明帝嫔妃。尔朱荣执政后，迫使孝庄帝将她娶为皇后。孝庄帝外逼于尔朱荣，内迫于尔朱后，处处受制，怏怏不乐。530年八月，孝庄帝不甘心做傀儡，利用朝见的机会，伏兵杀死尔朱荣与其长子等三十余人，尔朱荣这一支死亡殆尽。尔朱家族立刻发动复仇，由尔朱兆、尔朱世隆立长

---

① 今河南孟津东北。
② 今河南孟津西北。

广王元晔为傀儡皇帝，出兵俘虏孝庄帝，送到晋阳缢死，北魏中央仍由尔朱集团控制。

尔朱家族可能是五胡中羯族的孑遗，被鲜卑族征服后鲜卑化，世居山西的太行山区，在较为孤立隔绝的环境中始终未曾汉化。北魏孝文帝的迁都与激进汉化过程中，他们因保持传统，部族特色得以逐渐充分显露，成为既与洛阳中央截然不同，又不属于六镇系统的胡人地方军阀。六镇之变以后，北魏中央军与六镇变民军的力量互相抵消，尔朱氏胡人军阀的力量相对大增，故得以掌控北魏政权。

作为当时胡人势力的代表，尔朱家族对于汉化不屑一顾，成为北魏末年胡人文化正统派或胡人基本教义派的象征。尔朱荣掌握北魏政权后的表现，足以说明此种心态。史书记载尔朱荣"举止轻脱"，每次到洛阳见皇帝都只是表演他的马术技艺、举行射箭比赛，皇帝也要下场，王公、嫔妃、公主等当然得参加。大家聚集一堂，比赛开始，皇帝如果射中目标，尔朱荣就自己起来大呼大叫地跳舞，所有在场的人也要跟着跳。众人酒酣耳热后就唱起鲜卑小调，闹到傍晚尔朱荣告辞时，还高唱着鲜卑歌，和部下手臂相扣，举足踏地而去。有一次他看见两个佛教僧侣共骑一匹马，大为动怒，拦下这两个人，要他们彼此用头不停地互撞，撞到两个出家人头昏脑涨不能动，就叫卫士提起他们继续互撞，到死为止。

这些行为从汉文化的角度看是不学无术、举动轻浮、欠缺教养、残暴不仁……然而若从游牧民族文化的角度看，则高兴起来当然要大碗喝酒、表演骑术箭术、唱歌跳舞，人人参加，人生本来就该如此，至于要两个出家人撞头到死，那就是对他们不爱惜马匹的惩罚了。由此看来，六镇之变、河北等地的民变与尔朱氏专权，其实都有社会与文化层面的背景与意义，那是鲜卑等游牧文化对孝文帝激进汉化政策的大反扑。史学家陈寅恪就认为河阴之祸是"胡人及胡化民族反对汉化之公开表示"。当时归入汉人地区的西北边区，鲜卑人经常欺侮汉人，就连已经汉化的胡人也一并遭殃，可见在种族问题之外，文化问题是更重要的因素。北朝后期这种反汉化的风气一直延续到东魏、北齐，这两个政权内部不同族群与各种文化之间的关系，一直颇为紧张。

高欢崛起与北魏结束

收拾北魏末年乱局，也将北魏送至终点的是胡化的汉人军阀高欢（496—547年）。

高欢出身于六镇中的怀朔镇，参加六镇之变，后来投靠尔朱荣，担任晋州①刺史。531年，他统率六镇流民进入河北，得到当地大族的协助，开始占有自己的地盘。此时河北民变刚被平定不久，高欢本是民变领袖葛荣部下，很快将葛荣失败后原六镇以鲜卑为主的流民整合起来。高欢严整流民纪律，规定他们"不得欺汉儿，不得犯军令"，亦即一要与本地汉人和睦相处，

---

① 今山西中部。

二要听从自己的命令，遂成为鲜卑流民和汉族大姓联合势力的领袖。此时高欢名义上是尔朱荣部将，实则已决定自立争天下，不久就与尔朱氏集团决裂。

高欢本为贫民，少年时代家徒四壁，娶妻时从女方的嫁妆中得到一匹马，才有资格在北魏边镇军队中当个小队长。"六镇之变"将高欢卷入铁血杀戮的生涯，也造成他发展事业的机会。作为政治领袖，高欢节俭自持，更明察形势，善于掌握时机，借力使力。例如，他为避免与北方游牧民族柔然（蠕蠕）正面对抗，并借用其力量，娶了柔然公主。为讨伐尔朱氏集团，高欢也"挟天子以令诸侯"，立安定王元朗为帝，与尔朱氏所立的节闵帝对抗。此时尔朱荣已死，继任的尔朱兆闻讯，率二十万大军攻打高欢。高欢在敌众我寡的形势下沉着应战，又施反间计，使尔朱家族内部互相猜忌，终于击败尔朱氏，占领邺城。532年，高欢攻入洛阳，先后杀死两个傀儡皇帝，改立元修为帝，是为孝武帝，北魏政权落入高欢之手。534年孝武帝与高欢决裂，出兵攻打高欢失败，自洛阳脱逃，投奔镇守关中的大将宇文泰，后被宇文泰杀死，北魏结束。

北魏自孝文帝南迁到国不成国，仅仅41年，北方的分裂与动乱重演，只有待将来团结融合的一批人才有办法解决。

探索北朝至此，先将政治与要闻暂时搁下，下一章让我们来关注北朝的生活。

第四章

种麦炙猪存要术，搴裙纵马饮酪浆
——北朝生活面面观

忆秦娥

接大漠，黄土坡高黄河落。

黄河落，麦田草场，马蹄车铄。

汉儿胡女波斯乐，洛阳寺塔金芒灼。

金芒灼，酪浆饮罢，蹋歌连膊。

以文化的冲击性与多样性而论，北朝统治地区远较南朝为甚。中国北方从五胡十六国到北朝期间，胡汉文化经由相遇到相克，再由不得不相处而相互学习到相生，文化变动激烈。北朝是大分裂时期的后半段，胡汉文化已经渐渐融合，二者你中有我，我中有你，所以北朝人的生活甚为多彩多姿。

探索北朝生活在历史之旅中可称幸运，原因在于资料较多。北朝有几部独特的著作流传下来，保存了许多重要的史料，包括杨衒之《洛阳伽蓝记》、郦道元《水经注》、贾思勰《齐民要术》、颜之推《颜氏家训》等。今日探访北朝，仍然可以依据这些书中的资料，配合《魏书·食货志》等记载，重建当时生活的各种面貌。

理解北朝生活的几个角度与脉络

以这些书做导览资料，北朝人各式各样的生活可以从不同的角度与脉络探访。

从地理的角度看：洛阳的生活充满大都市的繁华，光鲜亮丽与奢侈腐败并存；西北沿边六镇的生活则辛苦质朴，充满尚武精神；农村中的生活仍是传统形态，日出而作，日入而息，天高皇帝远，有事"三长"管。

从社会的角度看，皇亲国戚、达官贵族的生活豪奢浪费，醉生梦死；边区军人的生活则不论物质或心理上都一天不如一天；农民的生活终年劳苦，被地方豪强与"三长"控制。

从宗教的角度看，当时的人面对的宗教环境是高度甚至过度发展的佛教，加上与之努力抗衡的道教，宗教生活是北朝日常生活的重要部分。

从文化的角度看，北朝生活是汉人文化与胡人文化融合的结果，所有外来人等都必须适应，包括主动投奔或被掳掠来的南朝人、前来经商或发展宗教的西域人等；又因北朝政治状况与文化取向变动剧烈，人们的生活往往因为政治环境与领导者的意志而变迁。

兹以当时书籍的内容为经，上述的分类为纬，设法说明北朝生活的方方面面。

洛阳城生活百态——《洛阳伽蓝记》

作为北魏后期的首都，洛阳是当时北朝最大的城市，政治、经济、文化、宗教的中心，国家首善之区，贸易会通之处，当然也是奢靡之都，甚至罪恶之窟。对当时这个城市的描写，首推生活在北魏末年的杨衒之所撰《洛阳伽蓝记》。此书完成于东魏孝静帝时，北魏已经分裂，实质上灭亡，为追忆性质的作品。

作者在北魏孝庄帝永安年间于洛阳任官，得以见到洛阳作为北魏帝都的状况。此后他因职务调动，离开首都。将近20年后的东魏孝静帝武定五年（547年），他因公务再至洛阳，却只见"城郭崩毁，宫室倾覆，寺观灰烬，庙塔丘墟，墙被蒿艾，巷罗荆棘"，一片破败景象，甚至连钟声都罕闻。繁华壮丽消失殆尽，二十年岁月恍如一梦。悲伤哀叹之余，追思往昔情景，杨衒之先生感觉有必要将他曾经目睹的洛阳景况记录下来，这本书因此出现。

"伽蓝"是佛教名词，为"僧伽蓝摩"的简称，由古印度语音译而来。"僧伽"意为僧团；"阿兰摩"意为"园"，伽蓝指僧众共住的园区，即佛教寺院。《洛阳伽蓝记》顾名思义，是介绍北魏首都洛阳的佛寺，介绍方式是将洛阳分为城内、城东、城西、城南、城北五区，采分区叙述；除基本资料外，书中对各寺院的缘起、变迁、规模，以及附近相关的风景名胜、名人往事、奇谈异闻等都有记载。从书中看来，北魏时洛阳的佛寺在供人参拜、做法事以外，也成为洛阳人观赏、休闲、游览、社交等活动的场所。以今天的眼光看，《洛阳伽蓝记》就是北魏首都洛阳的导览书，它以佛寺为索引，介绍这座城市的建筑规模、文物典章、历史掌故等，甚至包括传闻八卦。一书在手，不难深入洛阳，到处探访，仿佛当时城里的人和事，就活生生地出现在眼前。

洛阳的佛寺与生活

北魏佛教盛行，自文成帝停止灭佛以来，皇室信奉虔诚，投入大量资源，佛教发展迅速。迁都洛阳以后，天子、后妃、皇子、公主等往往花费巨款建筑佛寺、布施僧众。上行下效，王公士庶也都竞相效法，洛阳遂在短短不到四十年里，成为佛寺与僧尼密度极高的城市。洛阳在此阶段总计修建寺院一千三百余所，在互相比较、超越从前的心理影响下，这些佛寺建筑壮丽，装饰华美，举行活动时排场豪奢，在在都给初到洛阳的杨衒之留下深刻的印象。兹介绍最著名的数座，和围绕着这些佛寺的洛阳生活，请大家以初到北魏故都参访的心情探索：

永宁寺

胡太后于 516 年下令建造，费时三年完成，位于洛阳中心，皇宫大门以南约一里的皇家大道①边，附近都是政府机关。寺开四道门，正门向南，代表皇家，门楼三座，高二十丈②，以空桥相通，四门外都是笔直大道，路旁种植槐树，引进流水，往来行人得以遮蔽烈日。

《洛阳伽蓝记》记载寺内有木造九层佛塔一座，加上金属顶部，全高 100 丈，约当 296 米，达到台北 101 大楼高度 508 米的 58.27%！《水经注》则说塔高 49 丈，约当 145 米，加上塔顶，总高约为 147 米。不论如何，它都是中国古代最高的佛塔，高到距离洛阳约 50 公里的地方就可以远远看见。塔身为四方形，九层的四面都开有门窗，柱子围裹锦绣，门窗涂饰红漆，

---

① 即御道。
② 约 59.2 米，北朝 1 丈等于 296 厘米。

门扉上有五排金钉，旁有金环。塔顶矗立一个金宝瓶，下方环绕十一层金盘，称为"承露盘"，由塔顶垂下四根大铁链，引向四角，每层角落都挂有大型铜制风铃，全塔共一百三十个，风起时发出铿锵之声，几公里外都可以听到。

寺内主佛殿仿北魏皇宫太极殿建造，供奉一丈八尺[1]金佛像一尊，次长的金佛像十尊，绣珠佛像三尊，金织佛像五尊，玉佛像二尊，都做工奇巧。僧房楼观等一千余间，雕梁粉壁，装饰精美。庭院内花木扶疏，石阶边都是丛竹香草。外国所献佛经、佛像都存放在此寺。

如果用现代语言形容永宁寺，那是洛阳第一佛寺，北魏佛寺的重中之重，永宁寺内的佛塔建筑，是北魏帝国的国家第一重点工程；又因是胡太后在516年下令修建，正当其夫宣武帝死后儿子孝明帝刚即位的次年，胡太后也刚由嫔妃升格为太后，所以永宁寺还是这位掌权太后的形象工程。然而这座平地而起的佛寺花费三年落成，却只风光了大约十五年，到孝武帝永熙三年（534年）二月，永宁寺塔被雷电击中，引起大火，永宁寺受到严重破坏。同年七月，孝武帝西迁长安，永宁寺随之荒废。

永宁寺塔遭雷击事件若从气象学角度考察，以黄河流域的气候看，春雷开始发动的惊蛰节气约当每年阳历3月6日前后，534年的惊蛰正落在阴历二月。永宁寺塔既然是当时洛阳附近最高的建筑，顶部又是金属结构，被春雷击中，属于正常天气现象。

---

[1] 约5.33米。

然而在古人眼中，这场雷击天火应该具有深刻的道德惩罚意义。可能对于当时的人来说，永宁寺遭雷击、大火毁坏，是"天象示警"，果然不久之后皇帝出奔，北魏也分裂消亡，简直就是天意的全面展现，是上天对胡太后乱政的惩罚。

永宁寺塔是已知的最高木制佛塔，现存的世界最高木塔为中国山西应县木塔，建于 1056 年，高度约 67 米，还不到它的一半。永宁寺塔堪称中国古代的工程奇迹，1500 年以后仍有夯土地基留在今天的洛阳，占地约 10 000 平方米，深达 6 米。这座形象鲜明、寓意深远却昙花一现的佛塔，以充满戏剧性的短暂一生，换来当时与后代无数人的感叹，它本身就是北魏迁都洛阳以后的象征。

瑶光寺

宣武帝下令修建，位于洛阳城正西门御道北侧。寺内有五层佛塔一座，高五十丈，全寺规模不及永宁寺，但精巧则超过永宁寺。设有尼房五百余间，门户相通，又种满树木香草，种类繁多。

这座佛寺是专供后宫女性、贵族妇女修道礼佛的场所，故寺内全部为尼僧，其中还有看破红尘出家的贵族女性。可以想见这里也是当时贵族女性的社交场地、联谊中心，衣香鬓影飘荡在香烟缭绕中的盛况，应该是洛阳人不分男女皆欣羡的地方。然而可能也就是它充满美女贵妇的名声太响，530 年大军阀尔朱荣率兵攻陷洛阳时，有数十个胡人骑兵闯入瑶光寺"淫秽"。当这些胡人军汉亮出刀枪威迫时，寺内的女人不敢不从，可是从此之后，洛阳出现一句顺口溜：

洛阳男儿急作髻，瑶光寺尼夺作婿。

"髻"为妇女的盘头发型。年轻男人也要梳个女妆头，意在讽刺瑶光寺淫风太盛，男人要装扮成女子，才能避免被瑶光寺的尼僧抢去。这段顺口溜是典型的夸大之词与酸文酸语，却也可以由此看出瑶光寺在当时的地位与其象征意义。

景乐寺

太后、皇帝都修建佛寺，亲王当然跟进。孝文帝之子、宣武帝之弟、胡太后的情人清河王元怿就建造了这座佛寺，位于皇宫南门御道东侧，正好与永宁寺东西相望。

这也是一座尼寺，寺内以雕刻巧妙著称，名列全国第一。大殿四周环绕着厅堂尼房，遍植杨柳鲜花，风景秀丽。每到各月的"六斋日"，即八、十四、十五、二十三、二十九、三十日，寺中女子乐队都会演奏，配以歌舞，丝竹嘹亮，歌声绕梁，舞袖婉转，由于禁止男性进入，有幸看到的都以为到了天堂。不过依照佛教的教义，"六斋日"为四大天王调查人类善恶的日子，也是恶鬼窥伺人的时候，故诸事必须谨慎，要遵行"过午不食"，潜心修行。景乐寺当时在六斋日时的场面，似乎与佛教的原意有所出入，应该也是《洛阳伽蓝记》作者一种含蓄的讽刺笔法。

景乐寺在短短数十年中的变化也甚为有趣。元怿死后，景乐寺的门禁放宽，百姓得以随意出入，但也逐渐荒废。后来元怿的弟弟汝南王元悦将它修复，此人性好神奇，以王爷的财力与势力，竟将景乐寺变成演艺娱乐中心。他常在寺内召来各种乐队表演、竞赛；又弄来奇禽异兽，在殿庭之间飞舞跳跃；进一步就是举办魔术表演，举凡飞空入天、剥驴投井、植枣种瓜这些魔术，无不具备，变出来的瓜果还当场分给观众吃，观众看得目瞪口呆，头脑迷乱。这种魔术表演一直举办到北魏末年战火波及洛阳才告停止，对当时的人来说，更是万事虚幻、繁华成空的表征。

《洛阳伽蓝记》也记载了景乐寺北边连接的义井里。此里之得名，是因为它的北门外有桑树数株，枝条繁茂，树下有井一眼，井水甘甜，旁边设有石槽、铁罐，免费将井水提供给往来行人，有如过去乡间路旁的奉茶之举，许多奔波在道路上的人在此饮水休憩。这种社会义举正代表北朝民间风气纯朴的那一面，出现在灯红酒绿的洛阳，尤为难得。

白马寺

该寺位于洛阳城西郊，是中国最古老的佛寺，东汉明帝时建立。它的建立，代表佛教正式传入中国。在北魏时，当年"白马驮经"用的箱函还在寺中保存，僧人经常烧香供养。《洛阳伽蓝记》说这"白马驮经"用的箱子"时放光明，耀于堂宇"，广受信徒顶礼膜拜。

白马寺因在城外，附近有许多园林果树，出产高级水果，尤以苹果、葡萄、石榴最著名。当地的苹果可以重达 7 斤[①],葡萄比枣子还大,都非常美味,品质为洛阳第一,入贡皇宫。有时皇帝会赏赐给宫女,宫女往往转赠亲戚,得到的人对这种皇家奇味珍果都不敢随意吃掉,又转送别人,一枚水果因此常常转手几次。至于石榴,竟珍贵到使洛阳出现这样夸张的顺口溜:

白马甜榴,一实直牛。

(译:白马寺甜石榴,一颗抵上一头牛。)

宝光寺

此寺位于洛阳西郊皇家大道北侧。宝光寺也因在城外,占地广阔,拥有大片平地园圃,出产许多水果蔬菜。

这座佛寺最著名的是庭园景色。寺中园区内有一座大湖,湖旁青松翠竹环绕,湖岸芦苇罗生,湖面菱荷遍布,是洛阳的水岸休闲胜地。每到良辰美日,马车连接,冠盖如云,许多政府官员忙里偷闲,呼朋唤友,来此访寺游湖。这些洛阳高层人士有的置酒林泉,题诗花圃,有的在水边大啖莲藕、甜瓜以消暑,大家都玩得不亦乐乎。

景明寺

宣武帝在景明年间(500—503 年)修建,因而得名。此寺呈方形,东西南北四边各五百步。寺前可远望嵩山,寺后就是

[①] 北魏的 1 斤约当 0.44 公斤,7 斤约为 3.08 公斤。

洛阳城，有僧房一千余间，配以水池三处，以河流相连，青林绿水，游鱼落雁，竹影兰芳，环境清幽，在寺内冬可避寒，夏可避暑。胡太后又在寺里建造七层佛塔一座，妆饰华丽，比美永宁寺塔。寺内利用水力推动水车，推磨碾米不需人力，亦为北朝定点式小型水利设施的代表。

每年四月七日是洛阳万佛聚会的日子，各寺的佛像纷纷出巡，从四面八方汇集到景明寺，依北魏政府统计，达一千余尊。这些佛像在寺内停留一晚，至八日从宣阳门进城，在皇宫前接受皇帝散花。那是非常盛大热闹的庆典，《洛阳伽蓝记》形容为："金花映日，宝盖浮云，幡幢若林，香烟似雾，梵乐法音，聒动天地。"还有种种表演，来自各方的队伍互相竞赛，各地来的僧侣聚集成群，信徒都手持鲜花顶礼参拜，交通为之堵塞。曾有西域胡人僧侣看到这种情况，高呼"这就是佛国"。

洛阳市的社区分化与分工

随着都市持续发展，人口不断增加，产业日益发达，都市的地理景观会发生改变，逐渐趋向区域的分工化，专业的社区因此出现。洛阳作为北魏的首都，自然会有这种现象，影响洛阳居民的生活至为深刻。《洛阳伽蓝记》对这方面的情形记载甚为清楚详尽，兹举数例说明。

市场、商业区与富商

洛阳西阳门外四里处御道南边，就是洛阳大市场，周围八里[①]。大型市场设在西门外，代表从丝路来的货物与客商必然为数众多，所以这里是一座大型的国际性商场。

大市场东边的"通商里""达货里"是典型的商业社区，里内的人全部从事手工业、屠宰业、贸易业等，富人云集。当时首屈一指的富翁名叫刘宝，他是垄断民生日用品如粮食、食盐等通路与卖场的大商人，经商地区遍及所有水陆交通网络，在每个州郡置有住宅，各别馆都备马一匹。他贩售的物品种类繁多，赚到的钱可称"铜山金穴"，因此住宅逾越制度，车马服饰也等同亲王。

音乐、娱乐专业社区

大市场南边就是调音里、乐律里。这是音乐工作者与演艺人员聚集的地方，里内的人都从事丝竹乐器演奏、唱歌跳舞等行业，天下技艺绝妙的音乐家与演艺人员都出在此处。

酿酒专业

北魏洛阳曾出现一位来自山西的酿酒达人刘白堕。他酿出来的酒以罂贮藏，酷暑六月时在阳光下曝晒，经过十天酒味也不

[①] 约4公里，每边1公里。

变,入口香美,号称喝醉后一个月不醒。北魏的高官权贵用他的酒来馈赠远方亲友,这酒往往在路上跋涉千里,因此人称"鹤觞",或者通俗一点就直呼"骑驴酒"。这种酒有一次在运输途中被抢去,强盗们开怀畅饮,不料全部醉倒,被官府派人轻易擒获,因此又赢得一个外号叫"擒奸酒"。当时江湖道上的顺口溜就说:

不畏张弓拔刀,唯畏白堕春醪。

殡葬专业社区

洛阳大市场北边有慈孝里、奉终里,顾名思义就是殡葬专业社区,里内的人都从事贩卖棺椁、出租灵车等工作。

富而不贵社区

当时洛阳的富豪多住在阜财里、金肆里,可称富而不贵的社区。里内楼宇华丽,内外几重门,各楼间以阁道交通,居民家中堆积金银锦绣,奴婢都穿丝衣,仆隶都吃名菜。孝明帝神龟年间(518—520年),因工商业者衣食住行效法贵族高官,超越国家规范,北魏政府下令他们不准穿金戴银,不可身披锦绣。结果这个法令成为一纸具文,完全无法施行。

南朝投降高层人士的洛阳生活

洛阳还有一里称为"延贤里",专门容纳从各方投奔而来的人士，里内有座正觉寺，由尚书令王肃建立。

王肃（464—501年）在当时的南北双方都大大有名。他原是南方人，出身琅琊王氏，是王导的后裔，属于南方首屈一指的侨姓世族。父亲王奂被齐武帝萧赜所杀后，王肃于493年归降北魏，北魏孝文帝命他率兵南征，王肃击败齐军，也奠定了他在北魏政府中的地位。孝文帝的迁都、汉化等政策，都曾经征询王肃的意见。孝文帝死后，王肃出任尚书令，参与朝政，曾率领十万大军接应南齐大将裴叔业投降北魏，大胜南齐追兵，官拜都督淮南诸军事、扬州刺史，成为北魏的南方军区司令，身系南方国防重任。

王肃在江南娶妻谢氏，投奔北魏后，孝文帝将寡居的妹妹陈留长公主嫁给他，这位南朝世族遂成为北朝驸马。此时他在南方的妻子，出身陈郡的谢氏夫人已经拖儿带女跑到北魏，面对丈夫再娶，便作了一首五言诗送去给王肃：

本为箔上蚕，今作机上丝。
得络逐胜去，颇忆缠绵时？
（译：本来是竹席上的蚕丝，现在成了纺织机上的线。顺着线爬上去，是否还很想念从前的缠绵时候？）

这首诗送到驸马府，陈留长公主看见，提起笔来代替王肃回答说：

针是贯线物,目中恒纴丝。

得帛缝新去,何能纳故时?

(译:针是用来穿线的东西,眼里永远容纳丝。线遇到帛就缝新衣去了,哪能容纳旧日子?)

一南一北谢氏、元氏两位王夫人都是才女,两位才女以笔代剑,高来高去地交锋一招,在文学造诣上真是难分胜负。此番比划双方都采用南朝民歌惯用的谐音手法,"取瑟而歌",婉转表达自己的意思。谢才女用"丝"谐音"思",用"络"谐音"洛",意思是问王肃,夫君你到洛阳顺着竿子爬到高处,还想念我们往日的缠绵吗?元才女则用"纴"谐音"任",用"丝"谐音"思",意思是任凭你怎么思念,旧日子是没有容纳的地方了。这位公主以其人之道还治其人之身,回复的诗采用谢夫人原诗的韵脚"丝""时"二字,成为中国文学史上有记载的第一首"和原韵诗",非常不容易,由此也可见北魏皇家汉文化教育的成果。

元氏是大魏公主,身份尊贵,随扈如云,既然替丈夫出手,亲笔拒绝,谢氏夫人当然没办法再和王肃复合,然而北魏政府对这样一位南朝顶级世族女性照样甚为优待,欢迎她在洛阳住下去。后来她与王肃生的大女儿王普贤入宫,成为宣武帝的嫔妃,封贵华夫人,小女儿也嫁给广阳王元渊,可见南北朝时虽然南北对立,但双方的高层其实是对等的,充分显现出贵族式的政治与社会形态。至于夹在中间的王肃,其尴尬可想而知。为安抚公主,这位南朝来的驸马欲向第二任妻子表明心迹,方法就是建造正觉寺,送给公主作为休闲之所。王肃用"正觉"二字为寺名,应该有他意在言外表明心迹的特殊用意;用建造佛寺来宠妻,则是当时洛阳达官显贵的风气了。

北朝生活在饮食上与南方有显著差异。北方以羊肉为珍贵食物,宴会必备,搭配的饮料除酒以外就是酪浆。酪浆,一说就是马、牛、羊的奶,另一说是将奶油搅打,取出油脂后剩下的液体,不论如何,酪浆来自动物的乳汁,有时还会经过发酵,带有酸味。对于吃惯米饭配鱼汤,喝惯茶的南方人而言,需要一段时间才能适应,王肃就亲身体验过。

王肃刚到北魏时,不吃羊肉、酪浆这些东西,常吃鲫鱼羹,渴了就喝茶。洛阳的上层人士疯传王肃喝起茶来就是一斗[①],给他起个外号叫"漏卮"[②]。几年以后,一次孝文帝大宴百官,王肃吃下许多羊肉,喝掉不少酪浆。孝文帝觉得奇怪,对王肃说:"你觉得中原的味道,羊肉比起鱼羹怎样?茶水比起酪浆怎样?"王肃对答说:"羊是陆地产品中最好的,鱼是水族中最佳的。人喜好不同,因此各自都可称珍品。如果说味道,优劣就很清楚。羊好比齐、鲁这样的大邦,鱼好比邾、莒这样的小国,唯有茶没得比,只配给酪作奴隶。"孝文帝大笑。旁边彭城王元勰对王肃说:"您不看重齐、鲁大邦,反而爱邾、莒小国。"王肃对答说:"家乡所喜欢的,我也不得不喜欢。"彭城王又说:"您明天光临

---

① 南北朝一斗相当今日三升。
② 底下有漏洞,装不满的杯子。

我家吧，我会为您准备邾、莒的食物，也有酪奴。"从此茶在北魏高层圈子里又叫"酪奴"。

这样一阵笑谑后，孝文帝举起黄金酒杯出了个谜语：

三三横，两两纵，谁能辨之赐金钟。

御史中尉李彪立刻回答道：

沽酒老妪瓮注瓨，屠儿割肉与秤同。

尚书右丞甄琛接着说：

吴人浮水自云工，妓儿掷绳在虚空。

至此，皇弟彭城王元勰说："臣这才晓得这个字是'習（习）'字。"孝文帝就将金杯赐予李彪，满朝大臣也都很佩服李彪聪明有智与甄琛应和的迅速。

李彪的话翻译成白话文是"卖酒的老婆婆把酒从坛子倒进长颈酒瓶，屠夫切下一块肉来要几斤几两就几斤几两"，甄琛的话则是"吴地的人游泳时就自夸游得好，杂技演员抛出绳子直上天空。"

二人举出四个例子，都暗示一般人看来高难度的事，专业人员能够轻易做到，只因从事多年，身经百练，已经"习"惯了，用以形容王肃已经习惯北方食物。而"习"这个字,正好由三组三横与两组两纵构成,当然就是答案。有趣的是,直到元勰发话前,问答的三个人压根儿没有提到一个"习"字。

这又是一场高来高去的文字游戏,类似中国古代文人玩的"射覆",程度够的人听了就懂,根本不必多加解释,程度不够的人只能有如鸭子听雷。这场猜谜如果发生在南朝的"王谢风流"场合,应属平常,但出现在北魏孝文帝的朝廷,就具有文化上的重要意义。由此可见孝文帝汉化运动的彻底,也清楚显示汉化运动是如何影响到北魏上层社会的生活方式的。

北魏官员的待遇与福利

北魏官员的待遇与福利不差。依照均田制的规定,地方官员按品级授给公田,已如前述,中央官员则发给俸禄,多用实物发放,包括米、肉等。《魏书·食货志》记载北魏末年府库空虚,国家财政出现危机,只得厉行撙节政策,把发给官员的米、肉减半,一年"省肉百五十九万九千八百五十六斤,米五万三千九百三十二石"。依此计算,正常情况北魏政府每年要发出米 107 864 石、肉 3 199 712 斤作为官员薪俸,折合现代度量衡制,米约 5 695 219 公斤,即每月约 474 602 公斤[①];肉每年要

---

① 北魏 1 石等于 120 斤,1 斤等于 0.44 公斤,0.44 公斤 × 107 864 × 120=5 695 219.2 公斤, 5 695219.2 公斤 ÷ 12=474601.6 公斤。

发出约 1 407 873 公斤，即每月约 117 323 公斤①。

在此之前，北魏政府早已入不敷出，就停发了给官员的配给酒。这是官员的一种福利，停止后每年节省的用来酿酒的米有 53 054 斛零 9 升，折合现代度量衡制，约当 1 591 623 公斤②；杂谷 6 960 斛，约当 208 800 公斤，208.8 吨；面 300 599 斤，约当 132 264 公斤，132.64 吨；三者相加，每年酿造官员福利酒就需要 1 932 687 公斤，1932.687 吨的粮食，即每月约 161 057 公斤，161.057 吨，可见其规模的庞大。

北魏官员的数目史无明文，依《魏书·官氏志》记载宣武帝正始元年（504年）皇帝下令确定一些武职官员的名额："五校可各二十人，奉车都尉二十人，骑都尉六十人，殿中司马二百人，员外司马三百人。"由此来看，其中"五校"为正五品武官即射声校尉、越骑校尉、屯骑校尉、步军校尉、长水校尉，共有一百人；奉车都尉为从五品武官，二十人；骑都尉为从六品武官，六十人，殿中司马、员外司马是宫廷侍卫，更达五百人，可见北魏官员的名额不少，待遇也不错，只要在太平盛世，这一大群人的生活堪称愉快。

北朝基层人民生活

对于北朝基层人民的生活，因现存资料零散，全面详细描

---

① 0.44 公斤 ×3 199 712 ≈ 1 407 873 公斤，1 407.873 吨 ÷12=117.323 吨。
② 北魏 1 斛 =10 斗 =100 升，1 升等于 0.3 公斤，0.3 公斤 ×5 305 409 ≈ 1 591 623 公斤。

绘并不容易，幸好北魏末年有一位留心农业的官员贾思勰，毕生都在研究北朝时期的生产活动，写出一本中国历史上著名的农业专书《齐民要术》，留下许多当时的农业技术，将此书配合《魏书·食货志》研究，使我们得以一窥北朝的基层生活与农村状况。

《齐民要术》

北魏官员贾思勰所著，成书于北魏末年到东魏之间，是中国保存最完整的古代农业专书。"齐民要术"可解释作"平民谋生的重要方法"，亦可解释为"治理农民的重要方法"。

全书分为十卷，九十二篇，内容涵盖北朝时农艺、园艺、造林、蚕桑、畜牧、兽医、配种、酿造、烹饪、储存以及因应灾荒的方法。

全书抱持"食为政首"的精神，研究记载北朝时期的各种生产活动，举凡五谷、瓜果、蔬菜、树木的栽培，牲畜、家禽、鱼类的养殖，酒、酱、醋、豉、羹、臛（肉羹）、菹[①]、饼[②]、饭、饴[③]、糖等的制作，无不具备，还包括煮胶、造墨等，均极为仔细，并加入大量作者亲身的经验，成为探索北朝实况与研究中国农业史不可或缺的第一手资料。

---

① 泡菜。
② 面食。
③ 麦芽糖。

从《齐民要术》看北朝农业发展与农民生活

北方的粮食作物以小麦为主,当时农民种植小麦的方法是:麦田里每隔两寸种一行麦子,每行种 52 株,每亩种 93 550 株。这表示北朝农民种麦,并非将麦种在田里随意撒播,而是一粒一粒、一行一行,有规则地埋进土里。不仅如此,而且麦种上的土要厚约两寸,这是甚为精细的耕作方式,代表农业技术的进步与单位土地产量的提高。北朝一寸约当现代 2.96 厘米,故每行麦子相隔约 5.92 厘米,如此才可以使每株小麦均匀地得到阳光和雨水。如此一来,在每亩麦田间,农民必须埋下 93 550 粒麦种。北魏均田制下男丁授田四十亩,成年妇女授田二十亩,则北魏一对农民夫妻耕种六十亩田地,若全部种小麦,就要埋进 93 550×60=5 613 000 粒麦种!其工作量的庞大与弯腰、挖土、放麦种、覆土的重复次数之多,正反映出北朝农民的辛劳。这种辛劳的成果,是每收成每一斗谷物,可得五万一千余粒,贾思勰先生连这个数目都点算清楚,可见他实事求是的研究精神。

如果种大豆,则每行相隔一尺二寸,每行 9 株,1 亩共 6 480 株。大豆体积较大,故每收成一斗,可得一万五千余粒。

小麦提供淀粉,产生热能,也有部分蛋白质;大豆提供优良蛋白质与油脂,这就构成了北朝农民的基本食物,也是他们营养的主要来源。然而"天有不测风云",风调雨顺的日子不会年年过,黄河流域的降雨并不稳定,天灾频繁,因此北朝农村都有应付荒年的方法,其中之一是利用桑葚。《齐民要术》记载每年夏季桑葚成熟时要尽可能采集,采下后晒干,储存起来,就成为荒年时的补充食物。

北朝食谱

《齐民要术》里搜集了许多北朝的食谱,有些甚至流传到现代,例如:

烤乳猪

用还没断奶的仔猪,选极肥的,宰杀后去除五脏,刮光猪毛,洗干净,肚子里塞满香茅,猪体用柞木[①]棍穿过,放在小火上一定距离处,慢慢烧烤。烤时要不停转动,使各部分受热均匀,避免一部分烤焦,一部分不熟;还要用清酒刷涂几次,使猪皮发出色泽,并不断用新鲜纯白猪油涂抹,如果没有新鲜猪油,用纯净的麻油也可以。烤成后猪体呈现琥珀、黄金一般的颜色,入口即化,肥肉洁白似雪,肉汁润泽,乃北朝名菜。

羊肉香肠

用羊的盘肠,洗干净,羊肉剁细,加细切的葱白、盐、豉汁、姜、胡椒末调和,调到咸淡适口,用来灌肠。这种羊肉香肠取两条夹起来烤,切片供食,甚为香美。

北朝的甜点,《齐民要术》也有介绍,例如:

---

① 大风子科,属小乔木,又名蒙古栎;木质耐火。

髓　饼

"胡饼"的一种，北朝的胡食甜品之一。制法是用牛骨髓的油脂加蜂蜜和面，做成面饼，厚约四五分[①]，宽约六七寸[②]，放进炉中烤熟，烤时不必翻面。髓饼吃起来味道肥美，还可以经久储存。

当然这些都是贵族富户才吃得起，一般农民或许年节时可以吃点肉，平常就只有下面这样的菜肴：

北朝泡菜、腌菜

北朝以芜菁、白菜、冬葵、白芥等蔬菜制作泡菜、腌菜。

收获蔬菜时，选择品质较好的，用草绑成束备用。调配极咸的盐水，在盐水中洗菜，然后放进瓮中。如果先用淡水洗，菜就会烂掉。洗过菜的盐水放置澄清，将上层澄清的部分倒进瓮里，到埋没菜束为止，不再调味。在泡菜仍是绿色时捞出，以水洗去咸汁，下锅煮一下，跟生菜的味道没有差别。

芜菁、白芥这两种菜，泡三天捞出。将黍米[③]捣成粉末，熬成粥，取稀薄部分；捣整粒小麦做成的酒曲为粉末，以绢布筛过；将菜一行行放进瓮中，相邻行茎、叶的方向相反，行间放酒曲粉，倒入热的汤状薄粥，放满整个瓮，再把原来的盐汁倒进里面，摆一段时间即成腌菜。这种腌菜是黄颜色，味美。

---

① 约 1.2 ~ 1.4 厘米。
② 约 18 ~ 21 厘米。
③ 黄米。

北朝化妆品

北朝时的化妆品有胭脂、面霜、唇膏、香粉等。对北朝的妇女而言，胭脂是必备的化妆品，在此介绍当时的制法。胭脂的材料有二：一是基质，南北朝时采用研磨成极细粉末的白米粉；一是颜料，从红色的花中取得。

将藜、藋、蒿等草烧成灰，倒热水淋，取第三次淋下的灰汁澄清备用。采大量"红蓝花"[①]的花瓣，晾干后加灰汁揉搓，搓十多遍，到花瓣稀烂为止。用布袋装花汁大力绞，让红色汁液流进小瓷盆中。再用酸石榴两三个，取出籽捣破，加一些小米饭发酵后的酸浆调和，也用布袋绞过取汁，用酸汁调和花汁。若无石榴，用高品质的醋调和稀饭汤亦可。在花汁、酸汁混合物中放入白米粉，不可太多，只要一颗酸枣大小即可，否则颜色会不够鲜艳。将米粉与汁液混合，用未曾沾过油的干净竹筷大力搅动，然后放上盖子静置到晚间，倒去上面的清汁，剩下的膏状物倒进丝质小袋子挂起来，第二天半干时，捏成小瓣，像半个大麻仁，即约直径不到一毫米的小球，阴干后完成。使用时加一点水，在手心揉开，涂在腮部。

农民以外的基层行业

北朝畜牧业远较南朝发达，民间也非常重视，因此从业人员众多，为国家重要产业。

[①] 即红花，菊科，红花属植物，拉丁学名 Carthamus tinctorius。

北魏的河西走廊是畜牧地区，养有马两百多万匹、骆驼一百万匹以上，牛、羊无数，其中包含十万匹军马，供首都洛阳的军务使用，每年还要转移一部分至山西北部，以使军马逐渐熟悉中原地区的气候水土，提高存活率与妥善率。可想而知，北魏以畜牧为业的人一定不少，其分布地从河西走廊到山西、河南，甚为广阔。《齐民要术》里也记下这些职业牧人的工作经验，例如希望雄性种马彼此不互斗，平常就必须将它们分开来养，每匹种马都要有自己的厩房和饲料槽；对于即将出征的军马，草料应舍弃草叶，只用草茎，但要切到很细，配合谷类、豆类来喂食，饲养期间每天都需要跑步锻炼，这样才能使军马强壮结实，能耐劳苦。

当时在汉水中、上游的汉中地区，还有一批人专门在汉水中淘取金沙，这样的淘金人达到一千多家，缴税就用金沙，可算北魏境内的特殊景观。

北朝民歌

民歌是一个时代、一个社会中人民生活的反映，也是研究历史应该探访的领域。北朝民歌特色鲜明，其原型是北方游牧民族的一种马上演奏的乐曲，包括许多军乐，歌词作者多来自北方民族，尤以鲜卑人为主。鲜卑族的民歌，本来以母语咏唱，鲜卑入主中原后，汉人因语言不同，听而不知其意，于是有一部分被译成汉语歌词演唱。孝文帝大力推行汉化运动后，以洛阳为中心的帝国南部地区鲜卑语逐渐失传，当地人改用汉语创作，从此发展出北朝民歌的后期形态，逐渐失去草原游牧民族的特色,已经趋近于汉人民歌了。

北朝民歌纯朴写实,口语化到几乎不需要白话翻译,前期民歌尤其如此。其内容又常与游牧民族的生活有关,典型的句子如:

健儿须快马,快马须健儿,放马大泽中,草好马着膘……

鲜卑民族表达爱情也十分直白,就像这首民歌中鲜卑姑娘的口吻,恨不得情郎赶快飞来:

郎在十重楼,女在九重阁。郎非黄鹉子,哪得云中雀?

还有这个更加干脆:

月明光光星欲堕,欲来不来早语我。

骑马是他们的日常生活,当然有不少骑在马上唱的歌,歌词都毫不做作:

幽州马客吟歌　五曲之四
北朝　佚名
其一
愦马常苦瘦,剿儿常苦贫。
黄禾起羸马,有钱始作人。

其二
荧荧帐中烛,烛灭不久停。
盛时不作乐,春花不重生。

其三
南山自言高,只与北山齐。
女儿自言好,故入郎君怀。

其四
郎着紫裤褶,女着彩夹裙。
男女共燕游,黄花生后园。

"黄禾起羸马,有钱始作人"这两句坦白得可爱,用现代的语言说出来,就是"马无夜草不肥,人无横财不富"。"女儿自言好,故入郎君怀"这两句,则展现北国女儿的自信、天真与主动。北朝男女相聚喝酒,往往喝到有几分酒意后,就排成一行,手臂相扣,一边唱歌一边出脚踏地打拍子,胡太后要宫女们唱《杨白花歌》,就是用这种唱法。

这样的社会,当然会出现这样的民歌:

李波小妹歌
北朝　佚名
李波小妹字雍容,褰裙逐马如卷蓬。
左射右射必叠双。
妇女尚如此,男子安可逢?

当年李波小妹拉起裙子，跳上马背，风驰电掣而去，左手拉弓射出一箭，右手拉弓又射出一箭，箭箭命中，那种英姿飒爽的风貌，构成北朝民歌最具代表性的内容。

北朝流行的民歌曲调，有一首称为"折杨柳枝"，常被配出各种歌词，前四句都几乎完全相同，以后则自由发挥，首首不同，如：

上马不捉鞭，反拗杨柳枝。下马吹长笛，愁杀行客儿。
门前一株枣，岁岁不知老。阿婆不嫁女，那得孙儿抱。
敕敕何力力，女子临窗织。不闻机杼声，只闻女叹息。
问女何所思，问女何所忆。阿婆许嫁女，今年无消息。

请注意这首歌里有一段和《木兰辞》的开头几乎相同，以后的发展则是《木兰辞》中的木兰一心想代父从军，而这首《折杨柳枝》中的女主人一心想出嫁。我们探访至此，或许可以理解为这是北朝女子心中的两个愿望。

北魏迁都洛阳、大力汉化后，北朝民歌改以汉文写作。像这首描述河西走廊地区繁荣的歌，已经趋近于南朝的作品：

凉州乐歌
北魏　温子升
远游武威郡，遥望姑臧城。[①]

[①] 北朝姑臧城在今甘肃武威郊外。

车马相交错,歌吹日纵横。

至于那些习于逸乐的北魏后期贵族,则沉迷在以下这类靡靡之音中,其生活与心态,竟和南朝末年的陈后主君臣没有两样了:

安定侯曲
北魏　温子升
封疆在上地,钟鼓自相和。
美人当窗舞,妖姬掩扇歌。

北朝的生活诚然多彩多姿,然而太平岁月毕竟有限,北朝建立大约一百年后,诸种因素发展演化的结果,内部发生变动与分化,使北朝最后的四十余年陷入分裂与战争,从政治到文化都发生剧烈变迁,加速向隋唐帝国奔驰前进。且让我们用下一章一探北朝文化的特性与发展演变的过程,更深入了解北朝。

第五章

净土禅宗石窟寺，水经家训木兰辞
——粗犷平实的北朝文化

铁骨棱棱看魏碑，几山佛像凿崖危。
木兰传唱黄河北，多少鲜卑血性姿。

北朝学术

南北朝时期，南北方因政治长期分隔，导致文化差异现象甚为明显。北方的中原大地被草原游牧民族入主，塞外游牧文化的新血液带来草原的气息，赋予北朝文化阳刚阔大的特色，充满粗犷平实的风格。

北朝石碑上的文字方方正正，一笔一画棱角分明；北朝民歌的歌词直来直往，爱恨强烈；北朝人不尚坐而谈，倾向起而行，凡事以务实为本；北朝学者并没有把圆周率算到小数点后多少位，却能把中华大地上的各条河流描述清楚。总体而言，北朝文化不如南朝深刻细腻，但更容易深入遍布社会，被各阶层接受，其特色经过普及后，对后代影响深远。

儒家经学

北朝学术着重儒家经学，经学的传授则完全继承东汉学风，以遵守传统"经师"的解说为准，不可自行揣度，任意发挥。这种学术与教育制度下必然产生"标准本"，北朝历代教授儒家经典,《易经》、《尚书》、《诗经》、三礼(《周礼》《仪礼》《礼记》)、《论语》、《孝经》都采用郑玄的注解,《左传》采用服虔的注解,《公羊传》采用何休的注解。北朝后期,经学还与政治结合。西魏、北周的统治者从宇文泰开始,特别推崇《周礼》,亦步亦趋地仿效《周礼》,建立政府,治理国家,更导致学风的保守。如此保守的学风造成北朝少见名儒,也少有经学撰述,经学谈不上有何发展,比不上南朝经学。

虽然如此,儒家经学在北朝是唯一的官方正统学术,很受重视,玄学被排斥在学校之外。北魏进入中原初期,道武帝便在平城设立太学,聘请五经博士讲授经学,此后各郡都置博士,中央的太学生达到一千人,地方上各郡也都有四十至一百名学生。迁都洛阳后,私人讲学盛行,一所私校学生可以多达几百甚至千余人。修习经学的学生,可以通过中正官被认可资格,取得官职,这也是北朝经学盛行的原因。

北朝宗教

北朝宗教的政治背景

欲了解北朝宗教,必须先认识北朝宗教特殊的政治背景。

南北朝时道教与佛教竞争激烈,佛、道双方传教都重视高层路线,争取皇帝、高官与世族领袖的信奉与支持,希望通过他们在政治、社会与文化上的势力顺利传播宗教。在北朝这个胡汉杂居的地方，双方的竞争更多了一项民族差异的因素，形成北朝宗教文化的特色。

大抵汉人世家大族以儒学传家，宗教信仰则倾向道教，原因在于民族主义使汉人认为佛教是胡人所创、胡僧所传的胡人宗教，道教则是汉人自创的本土宗教，崇奉的神仙得道成仙前原也都是汉人，"汉人信汉教"的观念下，道教是自然的选择。相对于此，鲜卑及其他胡人多崇奉佛教，自然也有"胡人信胡教"观念的影子。

南北朝时代道教与佛教时常相互争辩攻击，儒家则通常攻击佛教，倾向与道教联合。北朝胡汉杂居，儒、道攻击佛的重要理由是所谓华夷之辨，宗教斗争又蒙上种族与政治意义，因此比南朝激烈。

一方面，北魏皇帝本身非属汉族，但既然高高在上，既统治胡人，又统治汉人，对于治下胡、汉的宗教差异，就必须小心因应，对华夷之辨也需要表示态度。446年，北魏太武帝灭佛，崔浩与寇谦之的劝说固然是重要原因，但太武帝的灭佛诏书里说："朕承天绪，欲除伪①定真②，获羲农③之治。"看来，他要借此证明自己遵循中国儒家的正统，做稳中国皇帝。

另一方面，从太武帝起，历代北魏皇帝即使本身是虔诚的佛教徒，即位时也都要举行道教的仪式，到道教坛场亲自接受

---

① 指佛教。
② 指儒、道。
③ 伏羲氏、神农氏。

道教符箓，代表这位鲜卑皇帝也已经被汉人的神仙接受，得到认可与祝福，有资格统治汉人。

北魏分裂后，东魏—北齐由胡化汉人高氏家族掌握大权，他们的武力主要来自"六镇之变""河北民变"的六镇流民集团，这是反对北魏汉化的胡文化武装团体，高氏家族要领导他们，就必须表现得比胡人还像胡人。在这种政治氛围下，北朝后期北方东半部的道教大受打击，只因道教被看成是汉人的宗教。高欢之子高澄在548年撤销东魏的道坛，开始打击道教，等于间接撇清与汉人的关系。551年，高洋篡东魏建北齐，555年就着手消灭境内的道教，强迫道士都要剃发改当和尚，完全不管他们懂不懂佛教教义、经典、仪轨，够不够资格当，此事成为政治干预宗教的典型事例。佛教因此在北齐大为兴盛，造像甚多，有些一直保存到今日。

北朝后期的另外一边，西魏—北周境内的宗教状况则迥然相异。统治者宇文家族实际上是西北地区胡、汉融合后，建立起的全新统治集团的代表，面对佛、道二种宗教背后的胡、汉文化取向，不便表态，儒学便成为必然的思想出路，于是北朝后期北方西半部在思想与制度上一切唯《周礼》是尚，影响到政府的宗教政策。既然是以儒家思想与制度治国，就要排斥佛教，但儒家不尚杀戮，于是北周武帝的灭佛，就采取名义上的以辩论定高下的方式。

北周武帝为禁灭佛教，曾于568年、569年、570年三次召集百官、儒生、和尚、道士等全国知识分子代表在御前集会，宣示儒学的特殊地位，讨论佛、道两教教义的高下，虽然允许三方代表辩论，但终于在574年宣布禁止佛教。此时佛教僧侣力争，基于公平考量，北周武帝乃同时查禁佛教、道教，下令和尚、道士一律还俗，成为政治干预宗教的另一典型事例。

虽然如此，北周武帝禁教的打击力量主要是针对佛教。577年北周灭北齐后，更延伸到原北齐境内。在禁教下大批佛像被破坏，经卷被焚烧，三百万以上佛教出家人还俗，寺庙有四万所以上被赐给王公作宅第，寺院财物发给群臣，寺院奴婢全部释放。然而宗教问题毕竟不能用政治力量解决，578年北周武帝死后，佛、道二教很快恢复，都并未受到不可逆的打击。581年杨坚篡北周建隋朝，北朝结束，中国北方胡汉之争泯灭，宗教与思想上回到儒、道、佛三足鼎立的局面。

北朝道教

道教在北朝有重大改变与发展，与寇谦之这位道教的改革者有关。

道教本产生于南方，但到北朝初年，北方的道教已很盛行。北魏开国皇帝道武帝为追求长生而笃信道教，他设立炼丹基地，称为"仙坊"，聘请道士主持，称他们为"仙人博士"，炼制长生丹药。结果可想而知，他服食"仙丹"后中毒，性情暴躁，喜怒无常，被无法忍受的部下杀死。这种传统的寻求外丹的道术在当时十分普遍，并无新意，也限制了道教进一步的发展，直到道士寇谦之提倡革新，北朝的道教终于出现转机。

寇谦之（365—448年）在华山、嵩山修道，自称从太上老君处受封为天师，是天师张陵（张道陵）的继承者，道教正统领袖。他又说得到太上老君传授的《云中音诵新科之诫》，制作口诀，主张服气导引，修守斋戒，并不重视烧炼药物制作的"外丹"，也反对专注男女性技巧的房中术。作为道教改革派领袖，寇谦之在基本的修身养性上提倡内省自修，一改外丹、房中术等外求的方式，确属不屑谄媚权贵，勇于改革，成为此后道教倾向清虚禁欲一派的开创者，其教派称为"北天师道"或"新天师道"。

面对社会与政治，寇谦之采用忠孝等儒家思想作为道士的行为准则，修订戒律、仪式以改革道教，符合宗教的本色与当时的社会、政治环境的需求。自汉末以来，道教组织如五斗米道等都收取信徒的米粮金钱，而且组织中设有各级教职，世代继承，其实非常接近政府。寇谦之将这些一概除去，提倡信徒各自在家中立坛、虔诚礼拜就是上等功德，不必离家投奔道教组织。这种教义完全符合帝国统治者的要求，使皇帝与中央政府都不用担心道教组织会变成国中之国，势力坐大后出现割据甚至反叛等问题，所以北魏太武帝经崔浩推荐认识寇谦之后，立即大为崇信。太武帝在首都平城立天师道场，亲自莅临道场接受符箓，从此成为北魏历代皇帝的传统，北派天师道得到北魏政府支持，也在北方顺利传播。总之，胡人统治者的北魏太武帝、汉人世族领袖的崔浩与道教改革派领袖寇谦之三方面的合作，开启了北朝宗教、文化、社会与政治的新页，是北朝历史上的大事。

道教本来就是北朝汉人倾心的宗教，又得到北魏太武帝的支持与提倡，势力膨胀，从此与佛教的对立趋向尖锐化，双方各自争取当政者，也各有所获，遂引起北朝时期两次灭佛教、一次灭道教的宗教冲突。然而寇谦之作为道教领袖，在对待佛教的态度上却并不激烈，仅在言辞上攻击，并没有采取报复主义。439年，北魏灭北凉，俘虏北凉的僧兵三千人，北魏太武帝下令屠杀，寇谦之替这些僧人说情，使他们得以免死；反而是北魏太武帝灭佛时，崔浩主张大杀佛教僧侣，为此寇谦之还曾劝谏崔浩。或许是这种风格的影响，此后北朝的宗教斗争虽然激烈，因此死亡的佛、道出家人却甚为有限。北齐文宣帝灭道教，只杀掉不肯剃发的道士四人，北周武帝灭佛教，竟没有杀死一个僧侣。

北朝佛教

南北朝时中国与西域间陆上、海上的交通都已颇为发达，佛教就从这两条路线不断传入中国。河西走廊（凉州）是当时陆上丝路的必经之途，印度或西域的佛教僧侣前往中国，最先抵达的中国文化区域就是这里，常常在此先行停留，学习中国语文，适应环境，因此河西走廊成为北方佛教最发达的地区。河西走廊西部的敦煌最接近西域，佛教也最盛，当地人熟悉佛教经典、仪轨，也擅长制作佛像，著名的莫高窟就在城外，从十六国时期起开凿，北朝时已具规模。敦煌是北凉国首都，439

年北魏灭北凉，俘虏佛教僧侣三千人以上，将他们和北凉人三万户强行迁移到平城，结果造成北魏首都平城地区的佛教大规模发展。当时被俘的凉州僧侣领袖昙曜向北魏文成帝建议开山为佛窟，凿石为佛像，崇信佛教的文成帝采纳，动员大量人力、物力开凿，云冈石窟因此得以出现。或许在云冈石窟开凿的过程中，有经验的原凉州工人还是重要的技术人员呢。

北朝佛教派别不少，在中国佛教史上的地位也甚为重要。后来在中国最兴盛的两个佛教宗派净土宗与禅宗，都是从北朝起开始广泛传播，立足于中国。

净土宗属于大乘佛教，根源于净土信仰，专门修习往生安乐土（净土）的法门，方法是念佛修禅定，因念的佛号不同，分为弥勒净土、阿弥陀净土两派。所谓"念"包括"心念"与"口念"二者。"心念"就是全心全意想念佛的名号、佛的相（形状）好、佛的光明、佛的慈悲、佛的神通、佛的功德，等等，进入心里全无杂念的境界，所有相连续想念的全都是佛，据说功夫精进足够时，会在定中看到诸佛。"口念"就是口呼佛号，生时不断念佛，临死也要邀集同道，陪同不停高声念唱弥勒佛或阿弥陀佛名号，一直到病人断气为止，认为如此死者将往生乐土，在弥勒菩萨（未来的弥勒佛）或阿弥陀佛座下修行，将来凭借佛的功德与愿力超脱轮回。净土宗认为造像建塔也是功德，这符合北朝富贵人家的意愿，于是他们大量捐献金钱、土地，造像建塔。可以说北朝出现大量精美佛教艺术品，就是净土宗盛行北方的证明。

净土宗的阿弥陀佛信仰在中国开展，北魏时期的僧人昙鸾（476—542年）贡献最大。他在山西玄中寺依据菩提流支所译的《观无量寿经》，致力弘扬阿弥陀净土的理念。昙鸾援引龙树的论点，将佛教的诸多法门概括为"二道二力"："二道"为"难行道"与"易行道"；"二力"则为难行道采行的"自力"和易行道采行的"他力"。他认为修习佛法者，在佛并未出世的年代，难以依自力证果，而应该依靠阿弥陀佛的愿力协助，将这种他力和自力结合，才能抵达西方极乐世界，这是解脱的易行道。他因此认为信佛的第一要务就是持念阿弥陀佛，甚至恶人都能借由持念阿弥陀佛而得以往生。昙鸾确定了净土宗的基本理论与修炼法门，从此以后，一心持念阿弥陀佛的净土宗信仰得以确立，并因修行容易，在中国广为传布。一般认为净土宗始祖为慧远（334—416年），其实其事迹难以考证；若论中国僧人对净土法门的贡献，应以昙鸾为第一，日本净土宗称他为净土宗的"初祖"，可见他如何受到尊崇。

禅宗是北朝佛教的另一大宗派。一般认为中国禅宗的初祖是菩提达摩，他从南天竺经海路到广东，辗转至南梁首都建康，与梁武帝相谈不投机，乃渡江到北朝，在嵩山少林寺面壁修行，开创禅宗一派，依时间推算，应在北魏宣武帝时（499—515年）。然而据《续高僧传》所述，佛陀禅师①才应是最早将禅宗法门传到中国的印度僧人。佛陀禅师修习印度佛教之禅观，曾历游西

---

① 又称拔陀、觉者。

域诸国，后至北魏首都平城附近，受到孝文帝（471—499年）的崇仰。孝文帝在平城为佛陀禅师设置禅林，迁都洛阳后，又于少室山创建禅院，建翻经堂，请佛陀禅师住持，从事译经工作，其道场一直传承，即今少林寺。不论如何，佛教禅宗思想应该是在5世纪末至6世纪初传入北朝的，而且不止一条途径。

禅宗法门主张修心，以明心见性、一切皆空为宗旨，要破除名相，忘言绝虑，跳脱空有，所以不重讲经，重视禅定。菩提达摩以面壁方式修行，称为壁观，意思是断绝诸般因缘，心如墙壁，可以入道。达摩又主张忘言，只口头说法，不立文字，不出著述，这种做法传承下来，使禅宗法门能够心无执着，涤荡一切执见，思想上解脱各种拘束。在北朝这个战火频仍，儒学与北天师道又都严格遵守礼教的时代，禅宗佛教提供给人们心灵上抛弃羁绊，进行深度探索的空间，还不需钻研佛学经典，故能受到重视与欢迎，广泛传布。

北朝文学

比起南朝，北朝的文学可谓黯然失色。北朝始终未曾完成独树一帜的文学风格，文人提笔写文章都在模仿南朝写四六骈文，却因程度所限，在辞藻华丽、对偶工整等方面无法企及，又因模仿的对象不同，到北齐时竟分为仿任（昉）派与仿沈（约）派。北朝每逢文人相轻，常分门别派，互相讥讽对方模仿剽窃南朝的名作，《北史·魏收传》就曾记载北齐两位著名作家邢劭

和魏收互相讥讽的话。邢劭首先批评魏收说:

江南任昉,文体本疏,魏收非直模拟,亦大偷窃。
(译:江南的任昉,文章本来疏漏,魏收非但模拟,还大大剽窃。)

魏收听到后就反唇相讥说:

伊常于沈约集中作贼,何意道我偷任。
(译:他常在沈约的文集里做贼偷文,没想到反而说我偷任昉的。)

北朝文学在写作技巧上主要是模仿南朝,内容则与南朝文学不尽相同。北方历经战乱,被胡人建立的王朝统治,社会上各民族杂居,互相影响,使生活、心态与文化都不同于南方。以诗歌而言,北朝民歌歌词质朴,感情直接,已如前述,尤其是前期以鲜卑语唱出再翻译为汉文的,其歌词还谈不上文学性。北魏孝文帝南迁汉化以后,知识分子用汉文吟诗作词,又受到南朝文学的影响,终于产生了《木兰辞》这样的作品,成为探访北朝文学的必聆天籁:

唧唧复唧唧,木兰当户织。不闻机杼声,惟闻女叹息。
问女何所思,问女何所忆。女亦无所思,女亦无所忆。昨夜见军帖，可汗大点兵，军书十二卷，卷卷有爷名。阿爷无大儿，木兰无长兄，愿为市鞍马，从此替爷征。

东市买骏马，西市买鞍鞯，南市买辔头，北市买长鞭。旦辞爷娘去，暮宿黄河边，不闻爷娘唤女声，但闻黄河流水鸣溅溅。旦辞黄河去，暮至黑山头，不闻爷娘唤女声，但闻燕山胡骑鸣啾啾。

万里赴戎机，关山度若飞。朔气传金柝，寒光照铁衣。将军百战死，壮士十年归。

归来见天子，天子坐明堂。策勋十二转，赏赐百千强。可汗问所欲，木兰不用尚书郎，愿驰明驼千里足，送儿还故乡。

爷娘闻女来，出郭相扶将；阿姊闻妹来，当户理红妆；小弟闻姊来，磨刀霍霍向猪羊。开我东阁门，坐我西阁床，脱我战时袍，着我旧时裳。当窗理云鬓，对镜贴花黄。出门看火伴，火伴皆惊忙：同行十二年，不知木兰是女郎。

雄兔脚扑朔，雌兔眼迷离；双兔傍地走，安能辨我是雄雌？

这首长歌的背景是北朝的风土与生活，吟咏的是北朝女子的心愿，其中却出现不少对偶的句子，例如"黄河流水鸣溅溅"对"燕山胡骑鸣啾啾"；"朔气传金柝"对"寒光照铁衣"；"将军百战死"对"壮士十年归"；"策勋十二转"对"赏赐百千强"等，大部分还顾及平仄，可见其汉文韵文的写作，遣词炼字，已甚有功力，写情写景，也见精彩。结尾的一段以兔喻人，更深得《诗经》"比兴"的宗旨，显示不论作者是谁，必然受到中国传统文化极深的影响，方能在北朝有此成就。

北朝后期，因为政局与战争的推移，有些南方知识分子被迫长期留在北方的西魏—北周。时间既久，他们带来的南方文化渐渐散发出影响，成为北朝后期北方西半部文化增进的种子。南梁文学家庾信在战乱中遭西魏扣留，不得已长居北方，曾对自己的命运呼号"天何为而此醉？"，却因此笔下融合南方文章的华美与北方风格的刚健，为中国文学注入新气息，开启唐代的诗风。庾信《哀江南赋》中有这样的句子：

天地之大德曰生，圣人之大宝曰位。用无赖之子弟，举江东而全弃。

显然与绮靡的南朝文风已有巨大差异，甚至可以隐约感觉到有点"诗史"杜甫的先行跫音，难怪杜甫要在《咏怀古迹·第一》中说："庾信平生最萧瑟，暮年诗赋动江关。"

北朝书法与魏碑

北朝的书法与南朝不同。南北朝带来文化的分裂，书法也分为南北两派，各有独特风格。北朝书法传承汉代隶书，笔画清楚，字体方正，给人严肃古拙的感觉；南朝书法继承东晋，笔画流动，字体曼妙，给人潇洒妍丽的感觉。

现存的北朝书法大都保存于碑刻中，称为"北碑"，因以北魏时期的碑刻为代表，故通称"魏碑"，其书法的体裁称为"魏碑体"。这些碑刻有石碑、墓志铭、摩崖和造像题记四种形式，其上文字的书写者大多是民间人士。此因晋室南渡时许多世家大族也举族南迁，留在北方的知识分子多属社会基层，只能遵循汉代书法遗规，自行摸索，到北朝时遂形成此种书体。北朝书法笔画棱角分明，线条粗犷，刻上石碑时也是大刀阔斧，不加修饰，正反映出北朝质朴剽悍的文化特色。魏碑向前直接继承汉代隶书，向后开启唐代楷书的道路，是一种承前启后、继往开来的过渡性质书法体系，因此兼有隶书与楷书的神韵。

魏碑体在北朝以后长期不受重视，一直到清朝中叶嘉庆、道光年间，才被书法家和书法理论家重新肯定与推崇。从阮元、包世臣到康有为，都给予魏碑书法超高的评价，这些学者们更将龙门石窟中的二十块魏碑定为"龙门二十品"，认为是魏碑书法的精华。兹举以下二例，从这两篇短短的铭文，我们可以体会魏碑文字的特色，还可以看出北朝民间的风俗习惯和当时人对于死后的希望。

"龙门二十品"铭文举例

"步辇郎张元祖妻一弗为亡夫造像记"[①]铭文：

太和廿年，步辇郎张元祖不幸丧亡，妻一弗为造像一区，愿令亡夫直生佛国。

---

① 刻于北魏孝文帝太和二十年，即 496 年。

"新城县功曹孙秋生、刘起祖二百人等造像记"①铭文:

大代太和七年,新城县功曹孙秋生、刘起祖二百人等敬造石像一区,愿国祚永隆,三宝弥显。有愿弟子荣茂春葩,庭槐独秀,兰条鼓馥于昌年,紫晖诞照于圣岁。现世眷属万福云归,洙输叠驾。元世父母及弟子等来身神腾九空,迹登十地,五道群生,咸同此愿。孟广达文,萧显庆书。

石窟寺艺术

北朝佛教盛行,连带使佛教艺术发达。当时出家人修行与信徒礼佛还愿,多选择在山边岩壁开凿石窟,建为佛寺,称为石窟寺。石窟寺有大有小,大抵石窟内空间越大的,能够容纳的佛像也越大、越多,必须饶有财力,才能开凿完成,当然,最雄伟的石窟,就是皇帝发动全国力量开凿的。石窟大到一定程度后,为增加内部支撑力,也为增加装置佛像的空间,常在内部空间中心留下一根石柱,称为中心柱。石窟里的佛像通常凿石而成,在石质松散脆弱的地方,则改为泥塑,窟壁上还会以彩色绘画作为装饰,构成独特的北朝石窟寺艺术。

北朝石窟往往成群出现,现在依照开凿时间的先后,探访几处北朝石窟寺艺术的瑰宝。

---

① 刻于北魏宣武帝景明三年,502年。

敦煌莫高窟（千佛洞）

佛教从印度经过西域传入中国，位于河西走廊西端的敦煌是必经之路，中国石窟寺的概念因此最早在此出现。印度佛教早有开凿石窟之举，印度西部的阿旃陀石窟从公元前2世纪就开始开凿了；西域的龟兹国笃信佛教，拥有大量石窟，其中最大的克孜尔石窟开凿于公元3世纪。

敦煌附近有石窟群数处，以莫高窟为最重要，其中最早的一座，据记载开凿于4世纪十六国时期的366年（前秦苻坚建元二年），为僧人乐僔所开，由此可见石窟寺随着佛教传播，从印度到西域再到中国一脉相承的发展。

莫高窟位于敦煌城东南鸣沙山东端的断崖上，区内存在壁画和塑像的洞窟达492座，总计有泥质彩塑2 415尊，壁画面积4.5万平方米。这些洞窟中，北朝或更早建立的有36座，最早的可能建于北凉时期（401—439年）。莫高窟全为私人开凿，并无皇帝以政府的力量推动，故能充分反映历代中国民间佛教艺术的风貌，其价值与云冈、龙门石窟又不尽相同。

现存石窟36座，以数量言并不算多，然而在中国佛教史上具有重要意义。十六国时期与北朝是中国石窟寺历史的初期，这时开凿的石窟还常保有原来的西域风貌，而且时间越早越浓厚，历史价值甚高。例如此时期石窟的壁画，起初是以土红色为底色，配上青、绿、白、赭等色的图画，色彩斑烂绚丽，属于西域风；经过一段时间后，到北朝后期，底色则改为白色，画面看来素雅不少，已经是中原风格了。下面介绍两座最具代表性的北朝石窟，将来大家若能实地探访，是了解北朝文化不容错过的机会。

莫高窟第285窟是莫高窟中最早有明确纪年的洞窟，开凿于538年，完成于539年，是西魏时期开凿的。此窟同时具有礼佛与禅修二种功能，南北两侧各开四个仅能容纳一人坐禅的小石室，属于"禅窟"。从窟顶到墙壁满布壁画，内容主要是佛教故事与各种神佛，包括佛教的诸天与中国的伏羲、女娲、雷公、雨师等。印度的诸天与中国的神明在此共守一窟，这正是佛教进入中国，逐渐中国化的早期象征。

莫高窟第428窟是莫高窟最大的中心塔柱窟，开凿建立于北周（557—581年）时，洞窟主室平面呈方形，中轴线后方留有中心塔柱，塔柱四面各开一佛龛。此窟壁画中佛教故事甚多，如"舍身饲虎"等，常以连环画的方式表现，各情节间以山峦、树木、房屋等间隔，其中人物形象、衣冠服饰均为中原形式，是佛教中国化的又一项证明。窟中另绘有约1200身供养人的画像，是敦煌石窟中供养人最多的洞窟，为首的供养人还身着王公服饰，我们由此可以推论此窟是由北周时敦煌地区各界人士通力合作完成，也不妨想象一下当时在当地最高长官的提倡下，众信徒一呼千诺，出钱出力建窟的情景。

云冈石窟

云冈石窟位于今山西大同市西北的武周山北崖上，现存四十余个主洞，佛像繁多，是中国最大的石窟群之一。云冈石窟群开凿甚早，最宏大精美的部分是北魏建都平城时代的作品，以政府力量开凿；迁都洛阳以后仍未停止，但已成为民间开凿，属于小型石窟。总计现存45窟，大小窟龛252处，石刻佛像51 000尊以上，最大者高17米，最小者仅有几厘米。

460年，北魏文成帝命令凉州来的沙门统昙曜统筹开凿5个大石窟，即现存石窟的第16至20窟，后人称为"昙曜五窟"。此后陆续增开，佛像也变得更大，最大的佛像就在孝文帝时开凿的五窟中。

最早的昙曜五窟系参照外来的形式开凿，有共同的规格，其中佛像大都是厚唇、高鼻、大耳、长目、丰颐、宽肩的形貌。世传五尊大佛系仿照北魏前期五位皇帝的相貌雕凿，即文成帝（第16窟）、追封的景穆帝（第17窟）、太武帝（第18窟）、明元帝（第19窟）、道武帝（第20窟），其中第18窟主佛像身披千佛袈裟，世传是太武帝因灭佛而忏悔。以北朝佛教流行的程度而言，统治者将自身相貌比附为释迦，以设教治国，这种说法不无可能。

云冈石窟内自大佛以下，还有各种其他石像，依其重要性决定大小，再配以为大佛服役的飞天和侏儒，构成完整的宗教体系。飞天容貌美丽，衣着飘逸，手执乐器，翱翔天空，献歌献舞；侏儒身材矮小，躯干健壮，雕刻在龛基、座础、梁下、柱顶等处，形状为正在用力举起重物，都神情欢喜，表示在大佛身边的喜乐。有人将此体系做政治性的比附，认为大佛代表皇帝，侍者代表群臣，侏儒与飞天则代表男女百姓，是否同意，就请参访的朋友自行判断吧。

北魏南迁后云冈石窟仍在开凿，即今西区的第 21 至 45 窟，以及一些未编号的小窟小龛。其中造像变得较为清瘦，神态文雅，衣服褶纹重叠，汉文化风格浓厚，十分接近龙门石窟的雕刻，正代表北魏汉化后文化的改变情形。

龙门石窟

494 年，魏孝文帝迁都洛阳，北魏继续在首都郊外开凿石窟的传统，于是有了洛阳龙门石窟。洛阳南边有伊水流入，接近洛阳的一段是两边壁立的谷地，称为伊阙，西岸是龙门山，东岸是香山，都由坚硬的石灰岩构成悬崖，形势险要，战国时曾是秦、韩、魏三国的古战场。495 年，北魏宗室比丘慧成开始在龙门山开凿石窟，称为古阳洞，为龙门石窟的开端。到宣武帝与孝明帝期间，皇室贵族笃信佛教，竞相建寺造塔，也不惜花费巨资，连续在龙门开凿许多石窟。此后直到东魏末年，龙门石窟陆续开凿，历经北朝五十余年营造，龙门石窟群刻满佛像，再经过隋唐盛世，总计有窟龛两千一百多个，佛像九万七千余尊，最大的高达 17.14 米，最小的仅 2 厘米，另有碑刻题记三千六百余品，遂与莫高窟、云冈窟并列，成为中国三大石窟之一。

龙门石窟群中凿于北朝时期的最大洞窟称为宾阳洞。"宾阳"意为迎接初升的太阳，宾阳洞为北魏宣武帝为他父亲孝文帝做功德而建，由太监刘腾主持，原计划开南北一线三座洞窟，但仅完成中间的一座，就已经历时 24 年，动用人工达八十万余，可见规模之大、投注资源之多。北魏时期人体审美观念崇尚瘦长，宾阳洞中主佛释迦牟尼面颊清瘦，颈项细长，体态修长，其服饰一改云冈石窟佛像偏袒右肩的印度式袈裟，成为宽袍大袖的袈裟，同样是佛教中国化的表征。

古阳洞因开凿最早，成为北魏皇室贵族发愿造像最集中的地方，留下碑记甚多。清代学者选择古阳洞中的碑记十九品，加上慈香窟中的一品，取名"龙门二十品"，认为是魏碑书法的精华，已如前述。

麦积山石窟

麦积山石窟位于甘肃天水，这座山因外形像一座麦草垛而得名，石窟开凿于山体西南、南、东南三侧的峭壁上，洞窟之间有栈道相连，现存各代石窟 198 个[①]，雕像、塑像共 12 182 身，包括泥塑 7 866 身、石雕 3 995 身、石胎泥塑 312 身、木雕 9 身，另有壁画 1 065 平方米，石碑 18 座，题记 222 处。麦积山石质不适合雕刻，故佛像以泥塑为多，其和泥技法高超，泥塑坚硬如石，经过千余年都未溃毁。

此群石窟最远约可追溯至十六国后秦时期，北朝期间石窟大量增加，现有 70% 以上的石窟为北朝时期所建。最大的塑像高 15 米以上，最小的塑像仅有 20 多厘米，可称中国佛教塑像

---

① 麦积山洞窟数据已有更新，现称存洞窟 221 个。

大展览馆,有"东方佛教雕塑陈列馆"之誉。

北朝石窟还有不少较小的,散布在河南、山东、山西等地,甚至不排除还有埋没迄今的北朝石窟,有待探访北朝历史的人发现。

北朝历史文献

北朝人的著作崇尚务实,因此留下不少具有历史价值的文献。前此已经介绍过《洛阳伽蓝记》与《齐民要术》,就文化的内容与特征而言,《水经注》与《颜氏家训》更是北朝代表性的作品,因其资料完备、特色鲜明而流传千古。

《水经注》

《水经》是中国第一部记述河流水系的专书,著者和成书年代历来说法不一,争议颇多,有郭璞[①]撰、郭璞注与桑钦[②]撰等三种说法,一般认为桑钦是著作人。《水经》简要记述中国137条主要河流的水道、水系情况,原文仅一万多字,内容简略,且缺乏系统,对各河川流域的地理状况记载仍不够完备。

《水经注》是北魏郦道元(约470—527年)为《水经》所做的注解。郦道元字善长,范阳郡涿县[③]人,从政是清官,不畏权

[①] 郭璞(276—324年),晋代学者、方术家。
[②] 桑钦,东汉后期人,生卒年不详。
[③] 今河北涿州。

势,因此得罪权贵,被汝南王元悦用"借刀杀人"之计陷害,死于反叛的雍州刺史萧宝夤之手。郦道元曾行遍北方各地,以亲身见闻扩充《水经》的内容,加入各河川流域的历史遗迹、人物掌故、民谣逸事、神话传说等,撰成《水经注》。这部书记载河流水道一百二百五十二条,依地理方位分为 40 卷,总计三十万余字,全文超过《水经》本文二十余倍。书中随着河流所经,还记下各种自然地理与人文地理景观,前者计有五百多处湖泊和沼泽、两百多处泉水和井水等地下水、三十余处伏流、六十多处瀑布、四十六处岩溶洞穴、三十一处温泉,后者计有各种桥梁九十座、津渡九十余处、古塔三十多处、宫殿一百二十余处、陵墓二百六十余处、寺院二十六处以及若干碑刻等。

　　书中对地理现象的观察仔细,记述客观,包括河谷的宽度、河床的深度、水量和水位的季节变化、含沙量、冰期等,如叙述洞庭湖是"湖水广圆五百余里,日月若出没于其中也",黄河孟津河段[①]的冰层厚度则是"寒则冰厚数丈,冰始合,车马不敢过"等,又详细记载了各河川流域的地质、矿物和动植物。出现在书中的岩石有十九种,金属矿物有金、银、铜、铁、锡、汞等,非金属矿物有雄黄、硫黄、盐、石墨、云母、石英、玉、石材等二十余种。《水经注》还记载了古生物化石,甚至包括渭水上游成纪县[②]僵人峡的古人类化石。

[①] 今河南孟津。
[②] 今甘肃静宁县。

第五章　净土禅宗石窟寺，水经家训木兰辞——粗犷平实的北朝文化

　　《水经注》是中国古代最完整的有系统的地理著作，其文笔绚烂中带着清丽，也具有文学价值。书中引用大量文献，引书多达 437 种，这些原书很多都在后世战乱中散失，所以《水经注》还在不知不觉中保存下不少亡佚古书的原文，别具意义。

　　郦道元的足迹最南只到过淮河一带，故记载南方水系都比较简略。他描写长江三峡颇为精彩，有学者认为这些描写其实是参考袁山松的《宜都记》。对于中国西部地区即今新疆塔里木盆地与青藏高原的河流，《水经注》因采取《尚书·禹贡》《山海经》《穆天子传》等书的说法，大多与事实不符，例如以岷江为长江源头，显然就是没有赴青海实地考察的结果；而继续抱持"黄河源出昆仑，潜行地下三千里"之说，将黄河源头设定在比帕米尔高原的葱岭更西北的地方诚然是谬误，却也显示这位北朝地理学家对黄河的向往与推崇。下面就让我们选读《水经注》的几段原文，一探这个被北朝知识分子接受，却是中国传统的谬误地理观念。

《水经注》选读[①]

卷一　河水一

　　昆仑墟在西北，三成为昆仑丘。去嵩高五万里，地之中也。其高万一千里。

　　河水出其东北陬，屈从其东南流，入渤海。[②]

[①] 《水经》原文为黑体字，《水经注》本文为楷体字。
[②] 以上部分《水经注》文字省略。《水经》以昆仑开篇，可见这个半神话、半实际的地方在中国文化中的分量。

卷二　河水二

又南入葱岭山，又从葱岭出而东。

河水重源有三，非惟二也。一源西出捐毒①之国，葱岭之上……河源潜发其岭，分为二水：一水西径休循国南，在葱岭西。……月氏之破，西君大夏，塞王南君罽宾，治循鲜城。土地平和，无所不有。金银珍宝，异畜奇物，逾于中夏，大国也。山险，有大头痛小头痛之山，赤土、身热之阪，人畜同然。河水又西径月氏国南，治监氏城，其俗与安息同。……②

其一源出于阗国南山，北流与葱岭所出河合，又东注蒲昌海。

河水又东与于阗河合。南源导于阗南山，俗谓之仇摩置。自置北流，径于阗国西。治西城，土多玉石。……其国殷庶，民笃信，多大乘学，威仪齐整，器钵无声。……又西北流注于河。……又曰且末河东北流，径且末北，又流而左会南河。会流东逝，通为注滨河。注滨河又东，径鄯善国北，治伊循城，故楼兰之地也。……其水东注泽。泽在楼兰国北扜泥城。……土地沙卤少田，仰谷旁国。国出玉，多葭苇、柽柳、胡桐、白草。国在东垂，当白龙堆，乏水草，常主发导，负水担粮，迎送汉使，故彼俗谓是泽为牢兰海也。……河水又东注于泑泽，即《（水）经》所谓蒲昌海也。水积鄯善之东北，龙城之西南。龙城故姜赖之虚，胡之大国也。蒲昌海溢，

---

① 即新疆维吾尔自治区乌恰县西北。
② 此处《水经注》认为黄河有三处源头，最西边的一处发源后从葱岭向西流，应该是将中亚流向西北注入咸海的阿姆河误为黄河的上游；唯其记载大月氏的地理资讯有参考价值。

荡覆其国,城基尚存而至大,晨发西门,暮达东门。……①

又东入塞,过敦煌、酒泉、张掖郡南。

河自蒲昌,有隐沦之证,并间关入塞之始。自此,《(水)经》当求实致也。河水重源,又发于西塞之外,出于积石之山。……东北历敦煌、酒泉、张掖南。应劭《地理风俗记》曰:敦煌、酒泉,其水甘若酒味故也。张掖,言张国臂掖以威羌狄。……河径其南而缠络远矣。河水自河曲,又东径西海郡南。汉平帝时,王莽秉政,欲耀威德,以服远方,讽羌献西海之地,置西海郡,而筑五县焉。周海亭燧相望。莽篡政纷乱,郡亦弃废。河水又东径允川,而历大榆、小榆谷北,羌迷唐、钟存所居也。……按段国《沙州记》:吐谷浑于河上作桥,谓之河厉。长百五十步,两岸累石作基陛,节节相次,大木从横更镇压。两边俱平,相去三丈,并大材以板横次之,施钩栏甚严饰。桥在清水川东也。②

---

① 此处认为黄河另一发源为于阗河,误。以下叙述的其实是塔里木盆地中的塔里木河、孔雀河等内陆河流,因其向东注入罗布泊,更容易被误认为黄河上游;唯其记载塔里木盆地的古代地理资讯有参考价值。

② 此处认为黄河注入罗布泊后潜入地下,到河西走廊以南,今青海东北部积石山附近才又露出地表。造成这种误解的原因可能是古人观察到河西走廊并无自西向东流的河川,既然相信塔里木河是黄河上游,则面对罗布泊并无河道流出的事实,只得异想天开地认为"黄河潜行于地底"。黄河主流出积石山后向东北方向,流至青海东北部,对此,中国古人已很熟悉,而青海省东北部距离河西走廊也不远,于是附会这里就是黄河潜行地底后的出口。从此以后,《水经注》对黄河的叙述就与实际相符,是有价值的地理资料了,例如对黄河桥的描述,如在眼前,更可以由此了解北朝时的造桥工法。

以下这段文章是典型的郦道元笔法,将一段河道边的历史故事尽可能说清楚:

卷十　浊漳水

浊漳水出上党,长子县西发鸠山。……又东过武安县南。……又东出山,过邺县西。

……漳水自西门豹祠北,径赵阅马台西。基高五丈,列观其上。石虎①每讲武于其下,升观以望之。虎自于台上放鸣镝之矢,以为军骑出入之节矣。漳水又北径祭陌西。战国之世,俗巫为河伯取妇,祭于此陌。②……又慕容隽投石虎尸处也。……漳水又对赵氏临漳宫,宫在桑梓苑,多桑木,故苑有其名。三月三日及始蚕之月,虎帅皇后及夫人采桑于此。今地有遗桑,墉无尺雉矣。

郦道元在此面对五胡十六国时的遗迹,发出与《诗经·王风·黍离》相似的感叹,历史意味十足,表现出人文的关怀。

《颜氏家训》

南北朝后期动乱不止,不但南北持续争斗,双方内部也都在分裂对抗。这种乱世使当时的人备感痛苦,却造就出一部不

---

① 五胡十六国后赵皇帝。
② 西门豹故事省略。

求虚名、不唱激情的务实名著——《颜氏家训》二十篇。时报文化出版公司当年在出版"中国历代经典宝库"丛书时介绍这部书，用的副标题是"一位父亲的叮咛"，确能提纲挈领，一语道出《颜氏家训》的风格与精要。这位在一千四百多年前的乱世著书为训，苦心叮咛后辈子孙的父亲、家长名叫颜之推。

颜之推本是南梁人，博学有见识，却在西魏攻破江陵的战争中被俘入关中。他不愿做敌国的臣属，找寻机会率领妻、子浮黄河东下，奔逃到北齐，在北齐做官。不料，北齐不久又被北周灭亡，他为了生活，只得再做北周的官，后来再经历隋篡北周，至隋文帝时病死。他晚年在《观我生赋》里说，自己一生三次成为亡国之人：第一次是侯景杀梁简文帝篡位，第二次是西魏宇文泰破江陵杀梁元帝，第三次是北周武帝灭北齐。其实隋文帝篡北周还可以算作第四次。

命运多舛的颜之推累积在南北两地生活的经验，深知南北俗尚的特色与弊病，洞悉南北学术的短长，努力要将这些在痛苦中累积的知识与经验遗留给后代。因此他的《颜氏家训》立论平实，以儒家思想为根本，也注重工农商贾等技能，不流于南方的浮华，也不陷入北方的粗野，可称知识分子在乱世中持身的规范、自保的守则与处世的良轨，故能切中人心，历久弥新。

《颜氏家训》以汉人知识分子在北朝政权，尤其是北齐之下的生活为背景，由于北齐的文化政策是崇胡抑汉，颜之推面临此种环境，自然产生恪守汉文化的立场，也会发出对北齐时某些汉人见风转舵的感叹，千载之下，赢得明末民族主义大儒顾炎武的称赞。然而也有人因此认为，颜之推将家训写得道貌岸然，他本人的经历却并非一切都符合民族大义，有表里不一之嫌。

"道貌岸然"的颜之推确实曾在四个彼此敌对的政权做过官，其中还有两个是北朝政权。这种情况一方面显现中国士大夫家族必须借出仕以取得生活资源，并保持家族地位的实况；另一方面也提示历史的探访者，对于中国传统知识分子而言，借维系家风传承以保持中华文化于不坠，可能比几朝几代的政权更迭更为重要。当然，如果有人要说维系文化只是颜之推以及这类文人的借口，也无不可；或许，必须在乱世生活下去的颜之推本人，在这点上都不容易说得清楚。

《颜氏家训》中有许多篇幅记载南北双方的社会与文化差异，成为认识南北朝的重要资讯来源之一，兹选录数段，以见北朝文化的特色与南北文化的不同，又因此书文言文不深，就不再提供逐句的白话文翻译，请各位自行阅读体会，相信大家随本书探访南北朝至此，必能理解这些内容。

《颜氏家训》原文选录

教子篇

齐朝有一士大夫，尝谓吾曰："我有一儿，年已十七，颇晓书疏，教其鲜卑语及弹琵琶，稍欲通解，以此伏事公卿，无不宠爱，亦要事也。"吾时俯而不答。异哉，此人之教子也！若由此业,自致卿相,亦不愿汝曹为之。①

后娶篇

江左不讳庶孽,丧室之后,多以妾媵终家事;疥癣蚊虻,或未能免,限以大分,故稀斗阋之耻。河北鄙于侧出,不预人流,是以必须重娶,至于三四,母年有少于子者。后母之弟,与前妇之兄,衣服饮食,爱及婚宦,至于士庶贵贱之隔,俗以为常。身没之后,辞讼盈公门,谤辱彰道路,子诬母为妾,弟黜兄为佣,播扬先人之辞迹,暴露祖考之长短,以求直己者,往往而有。悲夫!②

治家篇

江东妇女,略无交游,其婚姻之家,或十数年间,未相识者,惟以信命赠遗,致殷勤焉。邺下风俗,专以妇持门户,争讼曲直,造请逢迎,车乘填街衢,绮罗盈府寺,代子求官,为夫诉屈。此乃恒、代之遗风乎?南间贫素,皆事外饰,车乘衣服,必贵整齐;家人妻子,不免饥寒。河北人事,多由内政,绮罗金翠,不可废阙,羸马悴奴,仅充而已;倡和之礼,或尔汝之。

河北妇人,织纴组紃之事,黼黻锦绣罗绮之工,大优于江

---

① 这是《颜氏家训》中最常被引用的一段,是中国知识分子家族珍惜传统文化的象征,同时反映北齐时对汉化的反动,鲜卑文化当道的状况。

② 北朝重视家族传承,嫡出、庶出之分变得比南朝重要,却因此引起不少家庭问题。我们可以想见北朝时那种前妻之子说后妻是妾、异母的弟弟诬指哥哥是佣人的状况,想必北朝官府也必须处理许多这类兄弟反目争产的案件。

东也。①

太公曰:"养女太多,一费也。"陈蕃曰:"盗不过五女之门。"女之为累,亦以深矣。然天生蒸民,先人传体,其如之何?世人多不举女,贼行骨肉,岂当如此,而望福于天乎?吾有疏亲,家饶妓媵,诞育将及,便遣阍竖守之。体有不安,窥窗倚户,若生女者,辄持将去;母随号泣,使人不忍闻也。②

妇人之性,率宠子婿而虐儿妇。宠婿,则兄弟之怨生焉;虐妇,则姊妹之谗行焉。然则女之行留,皆得罪于其家者,母实为之。至有谚云:"落索阿姑餐。"此其相报也。家之常弊,可不诫哉!

婚姻素对,靖侯成规。近世嫁娶,遂有卖女纳财,买妇输绢,比量父祖,计较锱铢,责多还少,市井无异。或猥婿在门,或傲妇擅室,贪荣求利,反招羞耻,可不慎欤!③

……

生民之本,要当稼穑而食,桑麻以衣。蔬果之畜,园场之所产;鸡豚之善,埘圈之所生。爰及栋宇器械,樵苏脂烛,莫非

---

① 北朝长久被胡人统治,沾染胡人风俗,妇女积极主动,抛头露面,勇于任事,女性的社会地位显然高于南方。出门办事的女性必须盛装打扮,所以北朝的女红优于南朝,这样一来,北朝的女装业与首饰业想必也比南朝发达。
② 杀婴这种社会现象中国历史上一直存在,又因重男轻女,被杀的女婴比男婴多很多,北朝也不例外。《颜氏家训》明确记载这种现象,使我们对北朝社会的了解更加清楚。
③ "落索"意为冷落萧索,"阿姑"是北朝对丈夫之母的称呼。做婆婆的吃饭时冷冷清清,正是媳妇受到虐待后的报复。这两段记载加上前一段,使我们认识到北朝社会的阴暗面。

种殖之物也。至能守其业者,闭门而为生之具以足,但家无盐井耳。今北土风俗,率能躬俭节用,以赡衣食;江南奢侈,多不逮焉。①

省事篇

齐之季世,多以财货托附外家,諠动女謁。拜守宰者,印组光华,车骑辉赫,荣兼九族,取贵一时。而为执政所患,随而伺察,既以利得,必以利殆,微染风尘,便乖肃正,坑阱殊深,疮痏未复,纵得免死,莫不破家,然后噬脐,亦复何及。吾自南及北,未尝一言与时人论身分也,不能通达,亦无尤焉。②

止足篇

……常以二十口家,奴婢盛多,不可出二十人,良田十顷,堂室才蔽风雨,车马仅代杖策,蓄财数万,以拟吉凶急速,不啻此者,以义散之;不至此者,勿非道求之。

仕宦称泰,不过处在中品,前望五十人,后顾五十人,足

---

① 北朝自北魏推行均田政策以来,走的是小型自耕农自给自足型经济路线,一个家庭如果能巧妙利用政府的授田,则生活所需几乎都可以自行生产,不假外求,只有食盐因产地所限而例外。这种经济现象被从小生活在南朝的颜之推观察到并记录下来。南北双方经济形态的差距,也是我们探访南北朝时应该注意之处。

② 这段是典型的乱世处世守则,适用于北朝,也适用于任何地方。北朝后期政治斗争频繁,政治变动剧烈,"起高楼,宴宾客,楼塌了"的过程为时很短。花钱买名,卖身投靠固然可以迅速发达于一时,却也随时有"树倒猢狲散"的危险;属于被统治者的汉人需要当心,从南方来的"新住民"汉人尤其要有警惕。这是颜之推的肺腑之言,由衷之语,所谓"苟全性命于乱世,不求闻达于诸侯"的处乱世原则,在北朝后期的《颜氏家训》中得到最好的发挥。

以免耻辱，无倾危也。高此者，便当罢谢，偃仰私庭。吾近为黄门郎，已可收退；当时羁旅，惧罹谤讟，思为此计，仅未暇尔。自丧乱已来，见因托风云，徼幸富贵，旦执机权，夜填坑谷，朔欢卓、郑，晦泣颜、原者，非十人五人也。慎之哉！慎之哉！①

对北朝生活与文化的探访至此告一段落。下一章，也是本书最后的部分，我们将进入连串的政治斗争、文化选择与战火横飞的历史现场，一探在北朝后期的分裂与动乱中，一股新生力量如何春云乍展，以浴火凤凰之姿终结魏晋南北朝四百年的分裂，引领中国走向隋唐盛世。

---

① 这是北朝乱世之中维持一个中产阶层政府官员家族的典型写照：中等品级的仕宦之家，约有二十人聚族而居，拥有良田十顷、奴婢二十人，家中有车有马，还积蓄铜钱数万枚。男主人做官时只求品级中等，考绩平平，以韬光养晦的心态，维系家门于不坠。"卓、郑"指西汉时蜀地的富翁卓氏、郑氏，见《史记·货殖列传》；"颜、原"指孔子的学生颜回、原宪，二人皆生活清贫，见《论语》。北朝汉人的此种心态与因此而产生的文化氛围，是北朝主流胡人文化的直爽质朴、勇武刚健以外，同样值得做历史探访的领域。

第六章

合久必分,分久必合,一元复始,万象更新
——北朝终篇

> 大魏声威不再隆,宇文高氏各西东。
> 和合共济开周土,狂乱相残起邺宫。
> 关陇集团成本位,兰陵入阵化虚空。
> 武川胡汉相融日,南北烽烟可待终。

我们已经接近探访北朝的终点，北朝最后的时光，将在此展现。这段48年间（534—581年）的历史就是北朝从分裂到再统一的过程，其间变动剧烈，高潮迭起，让人目不暇给。中国历史上最残暴、荒淫、狂乱的皇室在此时出现，使北方东部发生南北朝最后一次民族歧视与文化歧视，可谓从光明走向黑暗的阶段，当地的一群统治者将本来大好的形势轻易断送，落得身死国亡。

就在同时，中国经过民族杂居与政治分裂将近四百年后，时间终于开始抚平巨大的民族与文化伤口，修补长期的心理与观念鸿沟。北朝分裂后，北方西部原属偏远的地区，此时居然出现了一个气象一新的新政治军事团体，他们不再区分胡、汉，反而通婚融合，大家和衷共济，以新风气、新社会、新制度、新文化为特色与号召，向统一北方、平定天下的方向努力进发。577年，他们达成统一北方的初步目标，581年调整内部，北朝到此结束。589年，他们终于消灭南朝，完成统一天下的最后目标，一举结束长达四百年的分裂与纷乱。

这是一段从黑暗走向光明的历史。我们探访南北朝至此，也终于可以发现,即使大乱四百年,民族仇杀、身份歧视、文化差异、宗教争端……是如此的严重,愚昧、腐败与残暴是如此的普遍,人类社会中原来不同的人毕竟还是有互信互谅、精诚合作、团结奋斗的可能。这样的一群人在北朝最后的黑暗中乘着曙色,将迎向一片由他们主导,供他们驰骋的灿烂中华大地。

晋阳已陷休回顾,疯狂残暴儿君王:狂乱皇朝北齐

问题的提出

北齐(550—577 年)是北魏分裂出的皇朝之一,也是最被人诟病的政权。这个政权的皇室以凶狠残杀、淫荡无伦、奢侈浪费、童骏荒唐著称,他们的倒行逆施使大好的形势轻易逆转,结果被原本居于劣势的北周消灭。然而北齐的皇室为何如此狂乱?北齐的内部有哪些难以解决的问题?北齐被北周灭亡又具有何种历史意义?这些都有待我们去探访、解答。

北齐篡东魏建国,故论北齐应先述东魏。

东魏(534—550 年)

南北朝时期北魏分裂后出现的王朝之一,只有孝静帝元善见一个皇帝,共存在 17 年。东魏得到北魏土地的大半,立国在北方的东部,领有今黄河下游的河北、河南、山东、山西,以及苏北、皖北地区。

北魏末年的战乱中,鲜卑化的汉人军阀高欢势力最强,他拥

立北魏孝文帝年仅 11 岁的曾孙元善见称帝，是为孝静帝，建都邺城，与宇文泰所掌控的西魏对抗。东魏是个不折不扣的傀儡政权，由高欢掌控整个政局，并以高欢大丞相府所在地的晋阳为别都。高欢表面对孝静帝甚为尊崇，名义上的皇帝与实际上的霸主间颇能相安无事；但高欢于 547 年病死，其权势由长子高澄继承，继续掌控东魏政权。高澄当政期间颇有武功，击败南梁，收复河南，拓展国土到淮河流域。他大展国威后就打算逼迫东魏皇帝"禅让"，不料遇刺身亡。高欢的次子、高澄的同母弟高洋接着控制大权，于 550 年逼迫东魏孝静帝元善见禅位，自立为帝，东魏亡。

北齐初年

550 年，高洋篡东魏建国，定国号为大齐，仍建都于邺，以晋阳为别都，史称北齐或后齐，以别于南齐，因皇室姓高，又称高齐。这个政权历经文宣帝高洋、废帝高殷、孝昭帝高演、武成帝高湛、后主高纬、幼主高恒六帝，577 年被北周消灭，立国 28 年。北齐继承东魏控制的地区，与其大致同时并存的王朝有西魏、北周（取代西魏）、梁（包括后梁）、陈（取代梁）。

北齐初年曾于 552 年起连续击退库莫奚、契丹、柔然、山胡等北方游牧民族，又曾大破南梁，取得淮南，势力一直延伸到长江北岸，国力达到鼎盛，可称形势大好。

北齐的诸般面貌

北齐据有黄河中、下游的大平原，这是北朝生产力最高、文化最发达的地区，故这个国家比同时存在的陈、北周都富庶，其制度也甚为完备，文化发展很高，可说是直接继承了孝文帝汉化后的北魏。

北齐继续推行均田制，农业发达，产业繁荣，制盐、冶铁、陶瓷器制造业等手工业都相当兴盛。此时陶艺发达，陶器的釉色已达双色以上，白胎陶器开始发展，绘画品质也很高，太原的娄睿墓壁画为其代表作。北齐的陪都晋阳①是当时陆上丝路贸易的起点，市面繁荣，还有西域胡人居住。

北齐的律法在当时各国中最为完善，制度也最为完备，有些制度一直沿用到隋朝和唐朝，例如中国传统的"官署印制度"就从北齐开始。南北朝以前，中国官署一直以官职印为正印，印随官动；从北齐起，政府单位的印出现——"官署印"，印文就是该机构的名称，印永远留在官府机构内。此种变革的政治意义是令政府公权力从此属于机构，而不是机构的长官，可说是由人治走向法治的变革。隋朝肯定这种制度，将官署正印从官职印改成官署印，延续迄今。北齐初创之际，兵制继承北魏，兵民分离，以鲜卑人为兵。文宣帝高洋（550—559年在位）时开始用汉人当兵。到564年，北齐政府将兵役与均田制结合，成为对自耕农的普遍征兵制，也是隋朝府兵制的来源之一。

北齐政府抑制道教，于是佛教盛行，建寺、凿窟、造像成为流行风气，中国佛教艺术得以充分发挥，造出不少中国历史

---

① 今山西太原。

上最精致的佛像。北齐的石窟艺术以响堂山石窟为代表，位于今河北省邯郸市峰峰矿区。响堂山石窟始凿于东魏晚期，主要洞窟完成于北齐时期。北齐文宣帝高洋欣赏这里的山清水秀、景色优美，遂在此广设宫苑，凿窟建寺。此后隋、唐、宋、明各时期均有续凿，现存石窟16座，其中10座为北齐所凿，计有造像4500余尊，并有大量的刻经和部分摩崖造像。

北齐皇室乱象

这样的一个国家，在中国历史上第二次三国鼎立中本来占有优势，结果却成为最先被消灭的一方，这种不合常理的现象，只有从北齐本身，尤其是领导它的皇室探索，才能找到答案。

从中国文化的观点看，北齐皇室可谓全无教养。这个高姓家族只有高欢正常，其后几代人都凶淫荒唐，所作所为简直是暴君小说情节。这一家族持续疯疯癫癫，有人认为是精神病基因遗传的结果，然而即使他们真有精神病遗传，其发作状况也必然与文化背景及生活状况有关。无论是否有精神病，北齐皇室的乱象，应是汉人选择胡化，却导致过度表现的结果，亦即唯恐胡化不足，有意加强，结果出现的反而是胡人文化的阴暗面，恰与北魏孝文帝汉化运动后，学习汉人世族唯恐不及的鲜卑贵族成为两个极端的对比。

当然这个家族并非没有出过比较符合传统中国理想的君主，例如废帝高殷与孝昭帝高演，但是家族的风气与传统使这样的人难以立足。历代皇帝都有测验太子的嗜好，高洋的做法却在中国历史上独一无二。作为北齐开国皇帝，高洋测验太子高殷的方法，竟然是当场要高殷拿刀砍人的头。高殷心怀不忍，几刀都没把头砍下，故高殷虽被立为太子，却被他的父亲高洋和一批亲戚看不起，理由是他太仁爱柔弱。由此可见，北齐皇室高氏家族的主流与传承作风，就是"残暴必须，残暴有理，残暴是常态"，这种家庭教育自然教出连续的暴君。在他们的统治下，随他们高兴判刑定罪，北齐的法治完全被破坏。

放荡的北齐皇室

北齐皇室的放荡是多方面的，不但人数众多，而且程度剧烈，身兼昏君、乱君、暴君者比比皆是。

北齐的皇帝几乎都酗酒，酒醉后失去理智，往往继之以胡乱杀人，尤以文宣帝高洋与武成帝高湛最甚。他们的奢侈浪费也达到高峰，动辄大兴土木，奢华装饰。

北齐皇室的淫乱史不绝书。中国古代虽可纳妾，但夺人之妻必遭非议，而不论辈分，父子通妻、兄弟通妻则属逆伦行为。这些情况在北齐皇室却屡见不鲜，甚至父子兄弟同行奸淫，皇室淫乱成为常态。

从高欢起，高氏家族的男女与家庭观念全部来自胡人，认为胜利者就应该占有失败者的女眷，子承父妾、弟承兄妻更是理所当然。高欢掌权后，陆续将北魏孝庄帝皇后（尔朱荣女）、建明帝皇后（尔朱兆女）、广平王妃郑大车、任城王妃冯氏、城阳王妃李氏等宗室之妻妾纳入后宫。在这种观念下，高氏家族

第六章 合久必分，分久必合，一元复始，万象更新——北朝终篇

代代如此，性关系极为混乱。高欢生前，郑大车即已私通其子高洋；高欢死后，其妻柔然公主被其子高澄所奸，还生下一个小孩；高澄的皇后又被高洋所奸；高洋的妻子再被高湛所奸。高湛的皇后胡氏，与大臣和士开奸淫，再通奸沙门昙献，最后改嫁。高澄14岁就和高欢妃郑大车私通，又想强奸功臣高慎的妻子，迫使高慎叛逃至西魏。高洋称帝后就强奸了哥哥高澄的妻子元氏，说："从前我哥哥奸污我老婆，现在我要回报。"他又纳大臣崔修之妻为嫔，娼女薛氏也被纳入宫内为嫔。他在位后期酗酒无度，异想天开起来就在宫中集合高氏宗族妇女，让她们与近臣卫士集体相奸。高洋之弟高湛则逼奸高洋的皇后李氏和众嫔妃，还把东魏孝静帝及几个功臣的女儿都招入宫中宣淫。

北齐残杀前代皇室极为激烈而彻底。北魏宗室元韶娶高洋长姊，高洋曾问这位姊夫："汉朝为何可以中兴？"元韶回答因为王莽建立新朝时，没有将汉朝刘姓宗室杀光，后来才有刘缜、刘秀等起来革命。高洋认为有理，于是他上位后立刻下令诛杀北魏宗室25家全部人口，囚禁19家。此案总计杀死3000余人，仅在东市就斩杀721人，3000多人的尸体全部投入漳水。说话不小心的元韶也被囚禁，后被饿死。

北齐在这样的皇室统治下，大约有一半的时间中皇帝无视制度与法律，全凭个人喜恶或当天的心情下令办事。北齐的君主甚至可以荒谬到完全忽视基本情势与事理逻辑的地步，因而严重影响到国家大事。最有名的是在对北周的战争军情紧急之际，后主高纬为等候爱妃冯小怜前来观战，竟然在北周军渐渐

不支，北齐军即将获胜之际下令停战，荒唐地轻易放弃了胜利的机会。

以下让我们探访一些历代北齐皇帝残暴荒唐的实况，请先有心理准备，这又是一连串会使正常人不愉快的画面。

文宣帝高洋（526—559年，得年34岁，550—559年在位）

北齐文宣帝高洋在高氏家族中的背景，颇类似西晋开国皇帝武帝司马炎。他们都是军事强人家族的第三任领袖，前两任已经建立起家族势力，掌握国家大权，但并未篡位，他们接任后则不再客气，都立即篡位自立，建立新王朝。新王朝建立初年，他们也都有一些武功，接着却都迅速陷入荒唐的生活，带给刚建立的国家严重危机，果然也都使国家寿命短促，更使当时广大的人民受苦受难。

高洋是高欢次子，幼时其貌不扬，沉默寡言，曾是兄弟嘲笑、玩弄的对象，其实他大智若愚，聪慧过人，胸怀大志。高欢曾经交给诸子每人一堆乱丝，要他们整理清楚，就在众兄弟"理还乱"时，高洋抽出佩刀把乱丝一斩而断，说："乱者须斩。"高欢认为甚获己心。高欢"文试"后继之以"武试"，命令诸子各带一队兵出去，而暗中派将军彭乐率领武装骑兵假作攻击，以测验他们的反应。结果长子高澄等都震怖屈服，只有高洋率众和彭乐格斗，彭乐脱下头盔说出真相，高洋还把彭乐抓住送给父亲，由此可见他倔强与决绝的个性。

倔强与决绝的个性使高洋在位初年兢兢业业，留心政务。他削减州郡，整顿吏治，训练军队，加强边防，北齐初年因此甚为强盛,比陈、西魏都富庶。高洋随即出兵进攻柔然、契丹、高句丽等国,都大获全胜,北方边境得以安定。

若是一个正常的北齐皇帝,这时就应该考虑下一步是先吞并西魏,还是趁着侯景之乱拿下南方,决定以后立刻进行一系列的政治、军事、外交布置,并展开宣传,寻找契机。然而高洋却是志得意满,开始沉湎于酒色与豪华之中。酗酒使他失去理智,经常举止荒唐,滥杀无辜。高洋的荒唐行为包括:兴建高台时,曾独自爬上最高处,看到的人都胆战心惊;时常出巡,在街道裸露身体,寒冬不变;等等。甚至有次喝醉酒,他说要将母亲娄太后嫁给北方蛮族,母亲气到怨叹自己怎会生出这个禽兽不如的儿子。高洋略为清醒后,想逗母亲开心,却失手将母亲摔伤,完全清醒后才发现自己的错,于是令人痛鞭自己,下决心戒酒,但是坚持了一下就松懈下来,仍无法戒除酒瘾。

高洋曾有一名受宠爱的薛嫔,原为歌伎,后来他忽然怀疑薛嫔与清河王高岳私通,于是下令命高岳自杀。薛嫔当时怀着身孕,分娩后,立刻遭到斩杀肢解,高洋还将头颅放在衣袖里,回到宫中就大宴宾客,宴会上突然将人头丢出,众宾客吓得四散逃避,他则不慌不忙地取出薛嫔的髀骨[①]当作琵琶,边流泪边吟唱:"佳人难再得!"[②]薛嫔下葬时,高洋却披头散发,在车后

---

① 即大腿骨。
② 这句歌词出自汉武帝时宫廷音乐总监李延年制作、演唱的歌曲《北方有佳人》。

步行跟随，大声号哭。

对高洋等北齐君主的评价，历代史家都认为是负面样板，大张挞伐，柏杨甚至以"禽兽王朝"来形容北齐。近年对北齐高氏家族的研究，则趋向从异常人格发展的观点切入，研讨这些昏暴君主异常人格产生的原因。就高洋而言，他出身于一个充满权力、阴谋、战争、杀戮的显赫家族中，接受的是以铁石心肠、铁血手段掌握军政大权的教育，加上饱受既是兄弟手足又是零和竞争者的亲人的嘲讽与轻视，人格极易扭曲。高洋34岁时因酗酒放纵损及健康而死，他荒唐残暴的一生，可说是一个异常人格发展的典型案例。

废帝高殷（545—561年，被杀，得年17岁，559—560年在位）

北齐文宣帝高洋嫡长子，母亲是皇后李祖娥。年6岁被立为太子，性格敏慧柔懦。高洋死，高殷即位，时年15岁。他在位时期由叔父高演当政，叔侄二人关心民生，减徭役，命使者巡查四方，探访民间疾苦，军事上淘汰老弱，制定军官60岁退伍制度，使北齐得以保持军事力量，也使高洋统治后期的危险局面得到纾缓。

但高演位高权重，开始觊觎皇位。560年，太后李祖娥与高演的矛盾白热化，高演发动政变，高殷被废，其祖母娄太皇太后命高演发誓决不伤害高殷性命，但高演还是将高殷秘密杀害，娄太皇太后也变回皇太后。

孝昭帝高演（535—561年，得年27岁，560—561年在位）

北齐第三任皇帝，高欢第六子，高洋同母弟。他是高氏家族中的异类，为人有气度，长于政术，善于理解事情的细节，曾屡次进谏沉湎酒色的高洋。高洋临终时，表示必要时皇位可以相让，唯不可伤害高殷。废帝即位后，高演独揽朝政，不久发动政变称帝。

高演留心政事，任用贤能，关心民生，轻徭薄赋，对外曾亲自出长城北征库莫奚，将其驱离并大获牛马。北齐六帝之中，只有他称得上是德才兼备的明君，但天不假年，高演在位第二年就因坠马重伤而死。鉴于自己所作所为，为保住儿子的性命，高演临终时宣布废掉年幼的太子，传位于弟弟高湛。

武成帝高湛（537—568年，得年32岁，561—565年在位）

北齐第四任皇帝，高欢第九子，高演之同母弟。北齐传承到他时，大致都是兄终弟及，此因北齐的君主全部短命，嗣子年幼，在这样一个唯力是视的家族，权力自然会落到已经成年的叔父手中。

武成帝高湛是真正昏庸无能的皇帝，整天沉湎酒色，不理国事，北齐从此江河日下，逐渐陷入危局。高湛貌美，但性格非常残暴荒唐。他早年就曾向哥哥高洋进谗言，烧死同父异母的兄弟高浚。高湛好色，包括男色。他最宠爱高孝瑜、和士开，高孝瑜是他的侄子，而和士开是胡人，不仅是高湛的男宠，还与高湛的胡皇后私通。高湛继位后，逼哥哥高洋的皇后李祖娥与之相奸，恐吓她："如果你敢不从，我就杀了你儿子。"李皇后只得依从，还颇受宠爱。不久她怀孕了，一次儿子太原王高绍德到她的宫殿，她避不见面，高绍德便怒言："做儿子的难道不知道吗？您是肚子大了，所以才不见儿子吧。"李皇后羞愧难当，等到生下一个女儿后，在又羞又怒之下，她将这个刚生下来的小公主杀死。高湛见女儿被害，怒不可遏，将高绍德捉到宫中，举刀怒骂李祖娥道："你杀我女儿，我为何不杀你儿子？"高绍德惊慌求饶，高湛又骂高绍德"想当年我被你父亲毒打，你也没来救过我！"，当场将高绍德杀死。李皇后大哭，高湛更加愤怒，将她的衣服脱光，鞭打一顿，再将她装进绢袋，丢到渠道，随水漂流，被救回后，许久才苏醒，最后高湛又用牛车把她送到妙胜寺出家为尼。北齐灭亡时，她还被北周俘虏到长安，隋朝时才得以回归故乡。

565年，高湛认为做皇帝太麻烦，就传位于太子高纬，自任太上皇。三年后，高湛因酒色过度而死，年仅32岁。与高湛同样身为亡国之前的君主，法国国王路易十五[①]曾说过："我死之后，哪管洪水滔天！"这句话也正是高湛的写照。

后主高纬（556—577年，被俘投降后被杀，得年22岁，565—577年在位）

北齐第五任皇帝，武成帝高湛嫡长子，标准的纨绔子弟，喜好醇酒美人、声色犬马，过着豪奢浪漫的生活。他最宠爱的妃子冯小怜，也是个只知享乐、不懂天高地厚的少女，这对少年夫妻创造出一段中国历史上绝无仅有的荒唐事迹，对此我将

---

① 路易十五（1710—1774年），1715—1774年在位。

另行叙述。高纬即位时,北齐政权已经好景不再,被北周追上,但他毫无所觉,仍然只知荒淫与内斗,导致北齐政治腐败,国力迅速走向下坡。他又因少年即位,既无文韬,又无武略,故极为猜忌,唯恐臣下坐大谋反,几年之间连续诛杀名将兰陵王高长恭、斛律光、段韶等,北齐从此失去有能力抵抗北周的将领。北周武帝听说斛律光被杀,等于北齐自毁长城,竟宣布全国大赦,以示庆祝。

577年,北周军大举进攻,北齐军大败,京师邺城失陷,高纬慌忙传位给8岁的儿子高恒,是为北齐幼主,然后带着幼主高恒等十余人骑马南奔,准备投降陈朝,但逃到青州[①]被北周军俘虏,北齐灭亡。高纬不久被杀死,终年22岁。

中国历史上有四位后主:五代南唐后主李煜、南朝陈后主陈叔宝、北朝北齐后主高纬与三国蜀汉后主刘禅。他们都是中国分裂时期的末代皇帝,最后也都被强大的敌国俘虏,然而李后主文才高妙,所作的词名垂千古;陈后主也擅写宫体诗,虽然颓废,却也绮靡;三国蜀汉的刘后主,因"乐不思蜀"而出名,但至少还有点文化程度;只有高后主文化程度最低,以致几乎毫无名声,被埋没在历史中。北齐皇室家教之差,由此可见。这也反映出北齐时文化上的弃汉化回归鲜卑的现象,成为探访北朝末期必须注意的地方。

---

① 今山东青州。

北齐皇室乱象与北朝末期文化氛围

魏晋南北朝时代天下大乱，胡汉杂居。汉朝用以维系政权、社会与文化的儒家思想没落，礼教与伦理道德松动，社会约束力降低。胡族原属游牧文化，生活习惯与价值观念与中原不同，所以在胡族控制地区，胡族与汉族社会较低阶层的人，难得受到中原传统礼教的限制与伦理道德的熏陶，行为多较为率性，男性如此，女性亦然。皇族因拥有政治力量，更容易自以为是，行为失控。

北魏前期皇室因面对各地分裂割据，始终在争战创业中，子弟尚可。迁都洛阳后，孝文帝推行义无反顾、不留退路的汉化，结果这批新贵很快学会了汉人的糟粕，随即腐化，并与汉人世族结合成为掌权集团，使得汉化的中央统治集团与未汉化的边疆地区格格不入。边疆胡人文化区在备受轻视之余产生心理上的反弹，故六镇之变以来，随着胡人集团掌控国土，中国北方出现一种轻视与反对汉文化，以回归胡人本色为尚的风气。六镇之变后，汉化比较浅的六镇部将再度推广使用鲜卑语，中国北方掀起由上而下的鲜卑化运动，是以《颜氏家训》才会记载有的汉人谄媚当道者，要儿子去学习鲜卑语及弹琵琶。

从北魏后期六镇之变起，北魏中央的汉化集团与边疆的胡人文化集团发生冲突，战乱不断，直接冲击到北魏中央的世族集团。尔朱荣发动"河阴之变"，残杀官员二千余人，多属世家大族，此时原来北魏属于汉人文化的高门大族遭到严重打击，等于创造了胡人文化复辟的土壤。

第六章 合久必分，分久必合，一元复始，万象更新——北朝终篇

北齐创建者高欢的祖先虽是汉人，但其家族早已和鲜卑人通婚，其妻与诸多儿媳都是鲜卑人，高欢自己也以鲜卑人自居，成为完全鲜卑化的汉人。他一旦当权，在文化上自然以胡人文化的保卫者与推广者自居，唯胡风是尚，其子孙则延续了此种风气。到北齐孝昭帝时，杨愔[①]等世族汉臣被杀，从此汉人世家一蹶不起。

北齐到后主时期，朝廷中"大鲜卑主义""鲜卑本位主义"盛行，掌握实权的多是昔日六镇边区低级军士出身的鲜卑人或胡化汉人，性格慓悍，作风粗鲁，毫无文化修养，只知战斗、杀戮与享乐，他们彻底轻视汉人文化与其代表的昔日元魏门阀和汉人世族。北齐皇室作为他们的领导者，遂走上回归鲜卑本色的道路，其行为一如五胡十六国政权中那些完全率性而为、不理其他的胡人统治者。从北齐皇室一些成员对汉文化的不屑一顾看来，北齐皇室的作为实可视为当时胡汉文化矛盾之一环，也是南北朝末期胡人文化恶劣面的回光返照。

在中国历史上，北齐是一个奇特的政权。一方面它的君主与统治高层放荡胡为，政治斗争极为激烈，杀戮不停；另一方面它的制度良好完备，经济繁荣昌盛，文化发达，佛教艺术造诣很高。从传统历史叙述的观点看，二者似乎格格不入。所以近年史学界对这种现象提出解释，可称对北齐的新理解。

若探寻北齐在与北周竞争中失败的原因，可以发现北齐始终未能将全国力量做有效的整合。手握大权的高层山头林立，

---

① 出身弘农杨氏。

互相猜忌，内部斗争不断，杀戮严重，以致力量互相抵消。唯此种持续性的争斗与动乱，主要发生在鲜卑文化统治集团的内部，并非来自胡、汉的差异。大量被统治的汉人在鲜卑的强势武力下，大致采取颜之推式的对应方式：不与当政者直接抗争，担任政府中的事务官，保持家族文化传承。在这种"上有政策，下有对策"的情况下，北齐缺乏上下一致认同的立国精神与国家目标，无法有效整合全国力量。鲜卑化的上层既然崇尚暴力，保持草原游牧民族的家庭伦理，则必然无法确立稳定的继承法则与继承制度，因此中央政治始终不上轨道，内斗成为常态；多数被统治的汉人则对此漠不关心，等到中央的力量因内斗而自我减损后，面对强力的敌人北周，自然无法抵挡。

北齐的对手北周则在融合胡汉、建立中央制度与规则等方面都甚为成功，故能有效整合国内力量，逐步发展，终于获得胜利。

> **补充知识**
>
> **兰陵王典故**
>
> 以"兰陵王"著称于世的是北齐皇室大将高长恭（？—573年），名高肃，长恭为其字。他是高欢之孙，高澄第四子，母亲不详。有些传说认为高长恭的母亲是一名女尼，遭高澄逼奸生子，所以史官不加记载。
>
> 高长恭相貌柔美，但勇敢善战，为冲锋陷阵时威吓敌人，故佩戴狰狞的面具上阵。564年底，北齐、北周爆发洛阳邙山之战，北周攻下洛阳附近地区，包围洛阳城，却未攻下，

> 北齐派段韶、斛律光与高长恭领兵前往救援。高长恭率领五百名骑兵冲破北周军队阵地，直抵被围的金墉城[①]下，自身也被包围。当时北齐守军不能确定这戴面具的将军是敌方还是我方，于是高长恭在城下脱下面具，露出俊美面容，北齐军才派出弩手迎接。
>
> 金墉城因高长恭的英勇奋战解围，北周军队匆忙撤退，北齐转败为胜。战后北齐士兵们为歌诵他的英勇，编出《兰陵王入阵曲》，以歌唱与戴面具的男子独舞赞颂兰陵王。此歌舞剧在唐朝甚为流行，后来还传到日本。
>
> 邙山战役胜利使兰陵王威名远播，却功高震主，尤其他清廉自持，爱护部下，反而更引起北齐后主高纬的猜忌。573年，后主派使者送来一杯毒酒，兰陵王万念俱灰，毅然喝下毒酒，时年约三十岁，死前还把所有别人欠他钱的借据烧光。高长恭之死，是劣币驱逐良币的典型案例，他死后四年，北齐被北周灭亡，高氏子孙几乎全遭屠戮。

北朝宫廷豪放女

北朝宫廷女性特征

依现有历史记录看，身为后妃的北朝宫廷女性有两大特征：

[①] 今河南洛阳东北。

一是人生起伏极大，被杀、改嫁、出家十分常见；二是感情与性关系复杂，拥有情夫十分常见，往往还不止一个。这种特征与她们的丈夫相似，共同构成北朝宫廷特色。比较起来，北魏与北齐的宫廷女性上述两大特征明显，北周的宫廷女性则大致已回归中原传统。

北魏（386—534年）及分裂后的东魏（534—550年）、西魏（535—557年）三个朝代中，历史有记录的宫廷女性共二十八人，其中被杀九人，暴死三人（也可能是被杀），出家为尼三人，改嫁三人，其余十人即使全部假设为毕生过着正常中国传统宫廷女性的生活，且自然寿终，也仅占三分之一强。

北齐（550—577年），历史有记录的宫廷女性共十八人，其中被杀两人，改嫁四人，改嫁者中后来一人自杀。

北周（557—581年），历史有记录的宫廷女性共十二人，其中出家为尼五人，改嫁一人。

北朝宫廷女性在皇帝丈夫外另有情夫者，可谓比比皆是。

面对此种现象，如果仅仅对当时"伦理沦丧，道德低落"的现象大加挞伐，并无助于大家深入理解。实际上乱世中连续而普遍发生的乱象，背后一定有社会与文化的原因有待发掘与解释。换句话说，我们探访这段历史，就必须回答"北朝时代为何宫廷中如此混乱"的问题。

北朝宫廷女性的行为特征与胡人文化有关。原来草原地区自然条件苛刻，游牧民族的全体人口都必须为生活努力，许多必要的工作如挤奶、捡拾牛粪等更几乎是专属妇女的工作，妇女既然对物资生产有贡献，其地位就比农业地区的女性高，发言权较大，也更能自我表现。魏晋南北朝时代大批胡人进入中原，许多成为各国的统治阶层，给宫廷中带来浓厚的胡人风俗习惯。胡人妇女的地位相对较高，身为统治者又使她们自我表现的机会大增，当然容易找寻入幕之宾。这种风俗的影响长久存在，故宫廷之中也常有女性干政或当政之事，当然也使得北朝宫廷女性常常卷入政治斗争、阴谋与杀戮中。

若论北朝宫廷女性的当政成绩，可谓好坏杂陈，成败并见。她们有的既具备政治理想，又有执行的能力，而且知人善任，政绩比男性皇帝有过之而无不及，对国家贡献很大；有的则限于能力与操守，也跟男性昏君一样昏庸奢侈，把国家带向分裂与混乱之途。但无论如何，北朝宫廷女性追求自我、表现自我的精神，为唐代前期之外中国历代后宫女性难以企及者。至于她们的私人生活，则因当时汉化尚浅，即使出身大族，也大多率性而为，不太在乎礼法，拥有地位与权力后，拥有情夫者自然十分常见。今举数例如下述。

成功的北朝宫廷豪放女

北魏文成文明皇后冯氏（442—490年）

前已叙述，兹不赘。

高欢妻娄昭君（北齐追谥明皇后，501—562年）

高欢出身寒微，他的发妻娄昭君却是六镇豪族之女，在南北朝时二人本不可能结婚，但娄氏慧眼识英雄，终于打破阶级限制成婚。历史记载娄昭君曾拒绝许多豪门的婚约,却一见在城上服役的高欢,就认定非他不嫁,居然派婢女私下致意,又暗中拿出私房钱交给高欢当作聘金,她父母最后不得不同意。

婚后娄昭君成为高欢绝佳的内助,对丈夫的事业贡献良多。高欢创业期间有许多密谋会议,娄昭君大多参加。一次,高欢将率领东魏军与西魏交战,临出发前娄昭君恰好分娩,还是一男一女的双胞胎,一度难产,情势危急,身边侍从请求赶快报告已封王爵的高欢,娄昭君坚决拒绝,说:"大王正统兵外出,怎可轻易离营?我死生有命,他来做什么?"

东魏与西魏征战连年,537年东魏在沙苑①之战大败,被西魏俘虏七万人,损失惨重。战后大将侯景屡次自告奋勇,请求率领两万精锐骑兵突袭西魏,吹嘘必能将西魏灭掉。讲得多了,高欢高兴起来,觉得不妨让他试试,就先回家和妻子商量。

娄昭君一听,立刻反对,说出一针见血的敏锐分析:"如果真像他所说的,难道他还有回来的道理?得到宇文泰却失去侯景,还有何利益可言?"以娄昭君的出身和那时书籍流通的状况,我们可以相信她没有读过《三国志》,不会了解司马昭派钟会率领大军灭亡蜀汉,钟会却想乘机割据自雄的典故。娄昭君对侯景的怀疑,可说是出自她天纵英明的政治敏感与作为高欢之妻的政治经验。

在这方面,同样碰上侯景的梁武帝显然瞠乎其后,政治形

---

① 今陕西大荔南。

势研判简直不及格，比起娄昭君差得太远。

作为高欢的贤内助，娄昭君节俭持家，亲自纺纱织布，不论是否己出，高欢的每个儿子都得到过她手制的衣服、裤子。作为宫廷女性，她又毫不忌妒。当时游牧民族柔然（蠕蠕）强盛，西魏已经联合了他们，正准备组织联军攻打东魏。高欢听说就派人出使柔然，为世子高澄求婚，以化解此事，柔然可汗却说："高王爷自己娶才可以。"高欢闻报犹豫难决，娄昭君说："国家大计，希望你不要犹疑。"高欢听从，果真娶柔然公主郁久闾氏为王妃。

公主到达时，娄昭君让出正室给公主，身段可谓柔软已极。这位当时15岁的柔然公主也是草原女杰，性格刚毅，在东魏完全不说汉语，高欢都很怕她。或许娄昭君对郁久闾公主早就做过研究，公主宁折不屈的性格与背后的柔然的强大势力，正是娄昭君愿意忍辱负重的原因。

娄昭君有三个儿子做皇帝，却未曾为娘家人讨过官职爵位。不论就胡人或汉人的文化而言，她都是理想的妻子与家族的女性领袖。从娄昭君身上，我们可以看出北朝的女性如何在传统中开拓自己的前途。

失败的北朝宫廷豪放女

北魏孝文帝幽皇后冯氏、北魏孝明帝太后胡氏
前已叙述，兹不赘。

北齐武成帝皇后胡氏

她是武成帝高湛的皇后，后主高纬的母亲，后主时的太后。这位女士在性关系上是真正的豪放，一生私通不断。

双性恋的武成帝高湛有个男宠和士开，擅长握槊①，常在宫中与胡皇后玩握槊，二人因此奸通。高湛死后，胡氏成为太后，常出宫拜佛，又与僧人昙献通奸，布施金钱无数，还把丈夫武成帝用的家具搬到昙献的屋里。后来她变本加厉，竟然在内宫中招来一百名僧人，托辞讲经，日夜跟昙献混在一起。她儿子后主高纬听到有关太后的风言风语，起初还不相信，后来去朝见太后，看到太后宫中有两个美貌的少年女尼，后主高纬像其父母一样淫乱成性，把这两人找来要逼奸，却发现他们是男人。后主大怒，把昙献等全部杀掉。从此这对母子互相猜忌，儿子不敢吃母亲送的东西，只怕母亲痛下杀手，把他毒死。

作为顶层统治阶级的女性，胡氏平生只知追求富贵与快乐，为所欲为，却也没有干涉朝政。北齐灭亡后，她与后主皇后穆黄花等被俘至北周，死于隋文帝开皇年间。许多网络资料说胡太后与穆皇后在北周不能过清贫生活，遂在长安为娼，大受欢迎，胡太后还有"为后不如为娼"的感叹。此说法各正史皆不载，是出于近代人蔡东藩所撰之《南北朝演义》七十九回，只能当作野史小说家言姑妄听之。唯胡太后在北周与隋朝时仍有活跃的性行为，则因史有明文，应为事实。

---

① 古代一种游戏，又名双陆。

北齐后主淑妃冯小怜

这是一位不知人情世故的北朝宫廷率性女,她因为唐朝大诗人李商隐的这两首诗而大大有名:

北齐二首
唐　李商隐

其一

一笑相倾国便亡,何劳荆棘始堪伤。

小怜玉体横陈夜,已报周师入晋阳。

其二

巧笑知堪敌万几,倾城最在着戎衣。

晋阳已陷休回顾,更请君王猎一围。

诗说得不错,北齐后主高纬与他的淑妃冯小怜,夸张一点是可以称为"玩完一个帝国的一对童骏少年男女"。

冯小怜,北齐后主高纬的妃子,有姿色,擅琵琶,工歌舞。她自幼入宫,充当后主穆皇后的侍女,穆皇后后来失宠,其侍女冯小怜取而代之,从此获得后主专宠,先封淑妃,不久晋封左皇后。"左皇后"这个头衔出现在北齐宫廷,正是北齐胡化的象征。中国汉文化的皇帝后宫中只有一位皇后,其他都是嫔妃,北方游牧民族领袖则可能同时有好几位"阏氏"[①]。

---

① 皇后。

冯小怜可说是完全不食人间烟火，更完全不知天高地厚的率性宫廷女子，遇上同样生于深宫之中的后主高纬，二人彼此相爱，却由于大权在握，导致他们但凭童骏之心做出的荒唐决定都会被当成圣旨执行。结果可想而知，这些决定为北齐带来极大的灾难。以下就是她和北齐后主最极端的一段事迹：

当时北齐、北周正在激烈的战斗中，北齐围攻北周的晋州①城，后主高纬带着冯小怜前往督战。北齐军冒死冲锋，已攻破对方据守的城墙一段，后主大喜，想要在冯小怜面前表现一下，就派人请冯小怜来观看齐军破城，同时竟下令暂缓进攻，专等冯小怜来。等到冯小怜梳妆打扮好，姗姗来迟时，北周守军已经用大木将城墙缺口补好，奉命停攻的北齐军为之目瞪口呆，士气涣散，遂无法攻下，晋州这个军事要地因此再也不属于北齐。北齐终被北周所灭，与此有关。

北齐灭亡，冯小怜也被北周军俘虏，送到长安。她先是在高纬恳求下被送还，亡国之君高纬却在不久后被杀，冯小怜并未殉夫自尽或出家为尼，而是辗转两次被送给胜利方的高官做妾，因向新夫说他正妻的坏话，遭到报复，被迫穿着布裙舂米。她仍然这样过下去，最后被逼自杀。对于冯小怜，若说她无耻亦可，若说她生命力顽强亦可，但她成长在北齐宫廷那样的地方，其人格与人生观正反映出北齐宫廷文化可能对人造成的影响。冯小怜在长安战俘生涯中曾因弹琵琶断弦而吟出一首诗：

---

① 今山西临汾。

虽蒙今日宠，犹忆昔时怜。

欲知心断绝，应看胶上弦。

这可说是她的绝笔，却也显示出她其实很有才华，与高纬的爱情也确实纯真，纯真到即使助推了北齐的灭亡，仍然让她念念不忘，至于北齐为何灭亡，当然仍然不在她的考虑范围之内。

掌控后宫实务的女性：陆令萱

电视剧中的人物"陆贞"的原型应当是北齐时期的女侍中、北齐后主高纬的乳母陆令萱。《北史》中记载她原是高欢部将骆超之妻，因夫谋反而被配入掖庭，成为后主高纬的乳母。陆令萱为人机智精明，办事干练，说话得体，善于奉迎武成帝高湛及胡皇后，很快在宫中得到信任，确立地位。《北史》说："令萱奸巧多机辩，取媚百端，宫掖之中，独擅威福。"几经转折，竟成为北齐后宫中掌握大权的总管。565年，武成帝高湛禅位给后主高纬，胡皇后升格成胡太后，后宫仍由陆令萱独大。陆令萱为巩固自己的地位，将妃子穆黄花认作干女儿，设计使穆黄花当上皇后；又设法揭发胡太后与人私通的丑闻，小皇帝大怒，将母亲胡太后幽禁。这些北齐宫闱中微妙的斗争与变动，背后都有陆令萱这个中年妇女精明狠辣的影子。北齐末年，她以皇帝奶妈、皇后干妈的双重身份，官至女侍中，宫中称为"太姬"，一时真有权倾天下之势。

577年，北周军攻克邺都，北齐灭亡。陆令萱在其子降周后，被迫自杀。从陆令萱的一生，我们可以看出北朝甚至中国历代后宫运作的方式。

终于等到胡汉融合：西魏、北周关陇集团的形成与兴起

魏晋南北朝的长期分裂，终究会有一个结局。

胡人与汉人长期杂居共处，终究会找到彼此可以长久相处之道。

经过近四百年的分裂、对抗、冲突之后，结束这一切乱象，并开创新局的力量，来自西北地区。北朝后期在西魏、北周的锐意革新之下，关中地区胡汉融合，出现一股新生力量，具有质朴、尚武、民族平等合作等特色。这股胡汉融合后展现的新生力量，很快征服黄河流域东部与长江中下游的两股分属胡汉但都已告衰朽的传统势力，统一中国，并将四百年来不同族群共同累积的力量提供给它的继承者，发扬光大，终成大唐盛世。

所以大唐盛世，实际上是继承西魏—北周的传统而来。北朝探访至此，且让我们先了解西魏、北周的政治概况。

西魏（535—557年）概况

南北朝时期北魏分裂后出现的政权，由鲜卑人宇文泰拥立北魏孝文帝的孙子元宝炬为帝，与高欢所掌控的东魏对立，建都长安。至557年被北周取代，经历两代三帝，享国23年。西

第六章 合久必分，分久必合，一元复始，万象更新——北朝终篇

魏从始至终都是关中豪门宇文家族的傀儡政权，它存在的时间不长，只有三任皇帝，这三个人却刚好代表傀儡皇帝的三种心态与表现，值得玩味。

西魏皇帝概况

文帝元宝炬（507—551年，得年45岁，535—551年在位）

虽是傀儡皇帝，却也是西魏的开国君主。元宝炬534年跟随孝武帝元修进入关中投靠宇文泰。不久孝武帝被宇文泰杀死，535年宇文泰领导的关陇在地集团和入关集团达成妥协，元宝炬被拥立为帝，号称继承北魏，史称西魏，此政权实际上是宇文泰的傀儡。551年三月，元宝炬死，善终。

西魏文帝可谓历史上的"模范傀儡皇帝"。他非常清楚宇文家族取代魏室的趋势，故采取无条件合作，以求自保的态度。

历史上傀儡皇帝很多，傀儡皇帝对自己的处境可能出现三种反应。第一种是消极对待，听天由命，最后难免被权臣篡位，通常随后不久就被杀死"以绝后患"。第二种是直接反抗，例如曹魏废帝曹髦、北魏孝武帝元修，这种态度将立刻使政坛的幕前和幕后之间爆发生死存亡的零和冲突，迫使操纵者采取激烈行动，结果傀儡必然失败身死，操纵者也必须付出代价。元宝炬采取的是第三种，积极、全面配合操纵者的政治运作，忠实扮演好傀儡的角色，不求有功，但求无过。这样做的目的在于承认现实，保存性命，尤其在傀儡还有些微实力时，更具有鲜明宣示不抵抗的用意，容易达到目的。实权操纵者最喜欢这样

的傀儡，往往不会夺走他们的生命，这样的结果在某种意义上是双赢。就西魏而言，元宝炬的政策使北魏孝武帝带来的入关集团在大致没有冲突的情况下，融入关中在地集团，宇文家族对西魏政权的掌控也在和平中完全确立，说不定他们内心深处还会有点感谢元宝炬。

废帝元钦（525—554年，被杀，得年30岁，551—554年在位）

西魏第二任皇帝。文帝元宝炬长子，母为乙弗皇后。

535年他11岁时，父亲元宝炬登基为西魏皇帝，元钦也被立为皇太子。不久丞相宇文泰将女儿许配给他，这也是在傀儡皇帝或傀儡皇太子身上必然发生的事。551年，文帝死，元钦继位。553年，宇文泰主动辞去丞相之位。同年十一月，尚书元烈密谋诛杀宇文泰，事迹败露，被宇文泰处死。此后元钦对此事常有怨言，自己也想要诛宇文泰，竟异想天开，秘密结纳宇文泰的三个女婿，也是他的连襟们起事。结果三人告密，554年初元钦被宇文泰废掉，改立其弟元廓为帝，不久之后，走直接反抗路线的元钦当然被宇文泰毒死。

恭帝拓跋廓（537—557年，被杀，得年21岁，554—557年在位）

原名元廓，西魏第三任皇帝。文帝元宝炬第四子。

他因兄长被杀而继位当傀儡皇帝，复姓拓跋，已不可能有任何作为，听天由命而已。556年十二月被迫禅位于宇文觉，西魏灭亡，557年他也被杀。

第六章 合久必分,分久必合,一元复始,万象更新——北朝终篇

北周(557—581年)概况

北周继承西魏,是北朝后期分裂出的政权之一,由宇文氏篡西魏建立,定都长安。北周的奠基者是宇文泰(507—556年),字黑獭,代郡武川①鲜卑人,在北魏后期的动乱中据有关中地区,成为一方之霸,与高欢东西对峙。他一手控制西魏,掌权22年,任用苏绰等人进行改革,西魏因此强盛。宇文泰的政治、军事才能甚强,在北朝后期的东西对抗中,以寡击众,以弱敌强,曾三次战役都大败东魏,又抓住南方侯景之乱,南梁内斗的时机出兵,夺得南梁荆州、四川的地盘,俘虏梁元帝,威名远播,也使西魏的领土大举扩张,逐渐在南北朝后期的三国鼎立中占有优势。

556年,宇文泰过世,由其子年15岁的宇文觉继承,大权落入觉的堂兄宇文护(513—572年)手中,随即逼迫西魏禅位。557年北周建国,西魏恭帝被杀。

北周初年,政治情势非常诡异。开国皇帝孝闵帝宇文觉(542—557年,557年在位)身为奠基者宇文泰之子,却毫无实权,是堂兄宇文护的傀儡。他对这种情况无法忍受,密谋诛杀宇文护,却被部下告密,自己被宇文护废掉后杀死。宇文护改立宇文泰庶长子宇文毓(534—560年,557—560年在位)做第二个傀儡皇帝,结果如出一辙,三年后又把他杀掉,再立宇文

---

① 今内蒙古武川。

泰的另一个儿子宇文邕（543—578年，560—578年在位）做第三个傀儡皇帝。宇文护执政期间总计杀害西魏恭帝、北周孝闵帝、北周明帝三位皇帝，成为中国历史上有名的弑君者。然而宇文护完全没有料到，他认为已经吓破胆，只会乖乖听话的第三个傀儡皇帝，竟会乘他不备从背后偷袭。

武帝宇文邕（543—578年，得年36岁，560—578年在位）

北周第三任皇帝，宇文泰第四子。这是一个深谙"稳、准、狠"三字真诀的政治人物，也是英明的君主。他原是权臣堂兄宇文护的第三任傀儡，前面已经有两个哥哥被杀，严峻的政治环境使他深沉、勇敢而有谋略。从即位起，十三年间，他都在韬光养晦，每天写写文章，听听音乐，下下棋，朝廷大事完全配合宇文护的意旨，以松弛宇文护的警觉。直到572年，宇文邕把握宇文护朝见太后，身边无人的机会，暴起发难，亲手用沉重的玉版捶击宇文护后脑，将他打昏后杀死，从此大权在握，成为真正的皇帝。

宇文邕在位期间生活俭朴，身穿布袍，精简后宫，关心民间疾苦，整顿吏治，北周因此政治清明，百姓生活安定，国势强盛。他曾大举灭佛，兼及道教，捣毁全国佛塔、佛寺，严令僧尼、道士还俗，已如前述。这固然导源于佛、道二教的竞争与冲突，但也有借打击宗教以增加政府财源及兵源的意义在内。北周在他的统治下日益强盛，575年，他率军大举进攻北齐，577年灭北齐，统一北方。南北朝后期突厥兴起，北齐、北周不得不争相拉拢，负担甚重，突厥可汗甚至声称北齐、北周是他

第六章 合久必分，分久必合，一元复始，万象更新——北朝终篇

的两个儿子。北方统一后，北周已无敷衍突厥的必要，578年武帝宇文邕决定亲自征伐突厥，不料在出发前病死，得年36岁。

宣帝宇文赟（559—580年，得年22岁，578—579年在位）

北周武帝宇文邕长子，北周第四任皇帝。此人集北朝昏君、暴君、乱君的各种恶行于一身，沉湎酒色，凶暴残虐，滥施刑罚，又喜好奢华，大肆装饰宫殿，这可能与父亲武帝对他的管教过分严格有关。在他成长期间，武帝曾派人监视他的言行举止，只要犯错就严厉责打。宇文赟在父亲死后毫不哀戚，抚摸着脚上被杖责的疤痕，大声对武帝的棺材喊道："死得太晚了！"

579年，21岁的宣帝做皇帝做得厌倦了，就禅位于长子宇文衍，自称天元皇帝，次年去世，北周至此已注定灭亡。

静帝宇文衍（573—581年，被杀，得年9岁，579—581年在位）

本是父亲宣帝的傀儡，父死后变成权臣杨坚的傀儡。581年，杨坚废静帝自立，建立隋朝，北周灭亡，北朝也随之结束，这个年仅9岁的北朝最后一位皇帝不久被杨坚派人杀死。

问题的提出

北魏分裂后演变成黄河流域东部的东魏、北齐，对抗西部的西魏、北周。分裂开始时西魏、北周的领域经济相对落后，人口少，军队少，客观上居于不利地位。所以西魏、北周的胜利，是历史上政权相争中少数以小破大、以弱胜强的案例，值得研究。

然而从上述西魏、北周的皇室与宫廷看,其夺权斗争之惨烈、皇帝遭杀戮之众多,比东魏、北齐有过之而无不及。中国传统史观,常以皇帝的所作所为与皇室的运作状况为标准,评价历朝历代,将治世、盛世归功于皇帝的品德高尚、勤劳节俭,而将乱世归咎于皇帝的懒惰奢侈、猜忌杀戮。在这种观点下,西魏、北周皇室猜忌杀戮不断,显然可以归入父不慈、子不孝、兄不友、弟不恭之林,其朝廷在权臣长期当政下,也属于君不君、臣不臣之列。可是西魏、北周皇室的斗争并未影响国家,其内部大致安定,并未发生过大规模的民族仇杀、下层社会或秘密宗教反抗起事等问题,国势还一路向上发展,终于消灭北齐。这就使吾人探访北朝后期时,不得不追寻其强盛的真正原因,其实这才是当时必须注意的大事。

追寻西魏、北周强盛的真正原因,就必须从"关陇集团"探访起。

关陇集团

"关"指关中,"陇"指陇山。"关陇集团"是西魏时期在宇文泰规划下建构成的政治团体,以当时关中及附近西北地区的原北魏六镇武将与贵族、豪强为成员,不分胡汉,消除民族隔阂,结合成为一个关系紧密的军事指挥与政治统治集团。参与此集团的大家族分享武力与政权,而以武川镇的鲜卑及胡化汉人贵族为核心。此名词最早由二十世纪历史学大家陈寅恪提出,用以阐释西魏、北周、隋、唐四代政权的特点及其一脉相承的关联性，陈寅恪观察到此集团有两大特征：

1. "融冶胡汉民族之有武力才智者"。
2. 此集团中人"入则为相，出则为将，自无文武分途之事"。

西魏、北周在北方分裂开始时固然是弱势的一方，但其领域内胡人文化的影响较大，许多汉人已经胡化，魏晋以来的世家大族传统不像东方或南方那样深，中央政府推行政令时阻力较少。西魏政府在宇文泰领导下面对此种形势，遂产生新思维，实行新政策，平等对待胡汉，在此基础上容纳双方的贵族与豪门，建立民族融合的新统治集团。宇文泰当权后推动胡汉融合政策，做法是扬弃北魏孝文帝鲜卑人改汉姓的做法，全面恢复鲜卑旧姓。他先将西魏皇族元氏恢复为拓跋氏，再授给汉人家族胡姓，例如杨忠①改为普六茹氏，李虎②改为大野氏等。

这些武将家族全部成为胡姓后，以汉人居多的部属及士卒也跟从主将的胡姓，于是最高统治圈中的汉姓消失，融合成一个向心力极强、文武合一的武装统治集团，这个在中国历史上极具特色的统治集团就是"关陇集团"。

宇文泰、苏绰推行府兵制，使府兵将领与关中土地发生关系。府兵将领都有赐田与乡兵，于是他们变成既是府兵将领，又是关中地主与豪族的群体。将领与关陇豪族的混而为一，使

---

① 隋朝皇室祖先。
② 唐朝皇室祖先。

这个集团得以在关中生根。

此新统治集团在政治号召与文化政策上煞费苦心。他们推陈出新，扬弃两汉、魏晋乃至南北朝的思想文化，声称周朝才是中国真正的道统渊源，故尊崇以周朝为代表的"真正"中国文化，国家典章制度完全仿效《周礼》设立，宇文氏以"周"为国号，正是此种政策的反映。在此基础上，他们继续切实执行均田制与府兵制，使国家很快安定富强，族群也融合团结，在南北朝末期以焕然一新之姿，创造出从前在胡汉仇杀、世族专权时无法想象的新气象。关陇集团成立后，以其力量打破行之四百年世家大族掌控一切的传统，消除旧有的门阀特权。北周就凭借此种新生力量消灭北齐，统一北方，也从此奠定了隋朝统一天下及其后大唐帝国声威远播的基础。

关中本位政策

这是关陇集团建立后所推行的政策，也是史学家陈寅恪提出的学说，伴随关陇集团理论，用以阐释西魏、北周、隋、唐四代政权及其政策的特点。关陇集团的统治与关中本位政策起源于西魏，大行于北周，后为隋、唐两代承袭，直至武则天时代，以进士科取士的方式为统治集团引进新的山东世族与部分平民，才逐渐打破这个集团的势力，但也逐渐使唐朝本身与中国文化发生根本的改变。

北魏后期六镇鲜卑化集团反对汉化政策导致北方混乱，各地出现回归鲜卑本色，反对汉化的潮流，宇文泰和高欢则都是乘此机会兴起的人物。然而宇文泰掌控的地盘、资源与人才起初远远不及高欢,在劣势下与高欢对抗,必须有高明的号召。这种号召一方面必须顺应当时的大环境,也进行鲜卑化;另一方面则要与高氏的鲜卑化不同,要比他们更高明,才足以号召天下,胜过东魏、南梁,于是这又必须采用汉文化。这两个原则看似矛盾,却并非没有解法。宇文泰的办法是,一方面建立大致归属鲜卑文化的关陇集团作为统治核心;另一方面派苏绰、卢辩等汉人大臣以《周礼》比附鲜卑部落旧制,建立国家制度。所以这个政权在文化与形象上内外有别,成为政府高层鲜卑化、国家形象中原化,两面都容易被接受的状态。更巧妙的是,其"中原化"又不是采取汉、魏以来的中原文化,而是直指周朝的传统,于是轻易在孔子以来崇古成风的中原文化圈取得文化的制高点。

基于此种指导思想,西魏—北周开始推行一连串政策,将关中地区建设为国家的根本与重心,之后一直延续到唐朝前期,此种政策称为"关中本位政策"。在关中本位政策下,西魏、北周有不少特殊的制度,说明如下:

八柱国制

"柱国"为西魏、北周"柱国大将军"的简称。八柱国的设置表面上系传承鲜卑拓跋部的"八部制度",实际上是在建构新的贵族统治集团。西魏迄550年,共有八个人获得柱国大将军这一称号：宇文泰①、元欣、李虎②、李弼③、于谨、独孤信④、赵贵、侯莫陈崇，他们的家族号称"八柱国家"。其中宇文泰总领诸军，为实际上的最高统治者，元欣为西魏皇族，代表傀儡皇室，不掌兵权；剩下的六人依照《周礼》"天子治六军"之意，每人统领两名"大将军"，即西魏—北周府兵系统中的"十二大将军"。每个大将军督导两个"开府"，每个开府各领一军，共二十四军，这就是西魏—北周府兵的建置与指挥系统。

从八柱国、十二大将军的家族中，新一代门阀贵族产生。西魏、北周、隋、唐的皇室与许多后族都出自这些家族：柱国宇文泰子孙为北周皇族，柱国李虎子孙为唐朝皇族，大将军杨忠子孙为隋朝皇族，北周皇族、唐皇族与隋皇族也是姻亲。北周历代皇后多在这些家族中产生，隋文帝的皇后与唐高祖李渊之母都是八柱国之一独孤信的女儿。这些家族后来的盛况，都可以追本溯源至南北朝末期乱世中这些名将的丰功伟绩。兹介绍几个重要的八柱国家族：

八柱国之独孤信家族

中国历史上有三位独孤皇后，她们是：北周明敬皇后⑤，隋

---

① 唐太宗李世民外曾祖父。
② 唐高祖李渊祖父。
③ 隋唐之际人物李密曾祖父。
④ 隋文帝杨坚岳父，李渊外祖父。
⑤ 独孤信长女，嫁宇文泰的长子北周明帝宇文毓。

文献皇后①，唐元贞皇后②，她们为同父所生，在历史上实属罕见。

独孤信（504—557年），云中③鲜卑人，本名独孤如愿，少年时风度过人，好勇任侠，后投入六镇军首领葛荣帐下。独孤信在军中对着装、修饰都非常重视，征战时仍然风度翩翩，有"独孤郎"之称。葛荣败亡后，独孤信跟随尔朱荣征战各方，积功升至将军，甚得北魏孝武帝看重。孝武帝入关时，独孤信辞别家人，单骑追上魏帝相随，成为一时美谈。独孤信与宇文泰是同乡，自小相识，故入关之后也得到宇文泰重用。后来独孤信攻下东魏的荆州，东魏派大军反攻，独孤信不敌，奔入南梁，三年后才回归西魏，其忠心如一，甚至得到梁武帝称赞。回到北方后独孤信进位柱国大将军，最后因他人谋反受到牵连，为宇文护所逼自尽。

独孤信形象鲜明，为官时又能安抚地方，照顾百姓，死后长久被人怀念，又因女儿们皇后的地位，使他的名誉很快恢复。

八柱国之李虎家族

李虎（？—551或554年）是陇西成纪人，宇文泰手下大将、柱国大将军、陇西郡公，于北周篡西魏之前去世，其子李昞也随后早逝，由时年七岁的李渊袭爵。李渊之母是独孤信的女儿，故李渊深受其姨母，即隋文帝独孤皇后喜爱，隋炀帝是他的表兄弟，

---

① 独孤信第七女，嫁隋文帝杨坚。
② 独孤信第四女，嫁李虎之子，唐高祖李渊的母亲，唐代追谥。
③ 今山西大同。

这使李渊一族在隋朝更加显赫，得以在隋炀帝南巡时，担当镇守山西的重任，李氏家族建立唐朝，就是在此时打下的基础。

八柱国之李弼家族

李弼（494—557）是辽东襄平①人，少有大志，膂力过人。北魏末期的动乱中，原来隶属尔朱集团，在战斗中常常担任先锋，冲破敌阵，所向披靡，当时有"莫当李将军前也"之语。

尔朱氏败亡后，在动乱中李弼投奔宇文泰，于537年的沙苑之战中击败东魏高欢，后进位为柱国大将军。他的次子李晖娶宇文泰女义安长公主，长子支系的一位曾孙，就是隋唐之际的著名人物李密（582—619年），是瓦岗军领袖，李渊义弟。李弼在关陇集团中有其特殊性与代表性。他并非六镇人，不是关中宇文泰的老干部，也不属于北魏孝武帝的入关队伍，甚至还曾与宇文泰对敌。但他看清大势所趋，适时投奔宇文泰，又以行动证明自己的忠诚可靠，建立功勋，照样能够加入关陇集团，参与统治核心，还娶了西魏文帝的女儿安乐公主。

由以上几个八柱国家族的成员与事迹，可以明显看出这组统治族群的特色：不分胡汉，不论籍贯与出身，确实效忠宇文泰，建功立业，互相通婚，关系紧密，而又都以位于关中的西魏—北周政权作为家族资产、官爵与声望的来源。

---

① 今辽宁辽阳。

府兵制

这是北朝后期到唐朝前期的军制，创建于西魏，废止于唐玄宗天宝年间。

府兵制创建初期，全面模仿鲜卑部落制度，以军事单位代替部落，以将领代替部落酋长，兵士及其家属全面改从将领的姓，以代替部落人民。这种做法等同部落酋长的将领直接统辖其单位，单位内部的各级军人与其家属听命于将领，一如部落内成员听命于部落酋长。各同级单位彼此不互相统属，兵士们分别属于各将领，除皇家卫队外，不直接隶属于君主。府兵由六柱国分别统领，以下的各级单位是十二大将军，二十四开府，四十八仪同，由各级长官平均统领，即各柱国统辖两大将军，各大将军统辖两开府，各开府统辖两仪同，每一仪同领兵一千人，总计西魏至北周前期，府兵总数略多于四万八千人。

府兵制开始创立时，任何隶属府兵系统的军人都是特殊阶级，其来源包括原北魏六镇的胡人或胡化汉人、北魏孝武帝入关时带来的武人，以及在关陇地区收编招募来的人，但限于中等以上家庭出身，总之绝无下层社会的平民参与。府兵制在创建初期，采取兵农分离制。府兵有自己的户口，与农民百姓不同，而且没有税负。府兵由军事行政机构兵府管理，平时一边农耕或放牧，一边接受军事操练，有战事时出征。府兵制也是一种选择性征兵制，即在西魏—北周胡汉融合区实行中等阶层以上的兵役，且胡汉兵、将混合编组，由驻扎地的兵府负责征集、训练与档案资料控管。府兵受到国家重视，自许甚高，朴实耐劳，操练扎实，又彼此熟识，战斗力极强，是对外争战、对内控制国家的利器，也是北周、隋唐军力强大的根源。

到北周后期，周武帝推行中央集权，变更府兵的部署观念，改军士为"侍官"，全部隶属于君主，又扩大府兵规模，招纳愿意从军的百姓加入府兵，改民籍为军籍，府兵因此渐趋普及化与平民化，此后成为隋与唐朝前期的定制。

模仿《周礼》的官制

宇文泰文化政策的考量已如前述，其实行方法则是号称复古，依照儒家心目中周朝的制度《周礼》，订定政府组织与规范，以因应关陇集团胡汉共处的现状，实行胡汉共治。他任用苏绰、卢辩等汉族知识分子官员，将官制改为模仿《周礼》的古制，中央最高行政机构为"六官"，即大冢宰、大司徒、大宗伯、大司马、大司寇、大司空，皆由柱国大将军担任，大冢宰由宇文泰自任。这种组织若以现代政治学的角度分析，有些类似集体领导的内阁制，宇文泰就是西魏的内阁总理、执政集团领袖，西魏皇帝则是虚位元首。

以此为基础，西魏—北周的朝廷礼仪、典籍文书、官服、公务车辆、器物等，大多照抄《周礼》的规制，国家的公文书则回到《尚书》的形式，读起来就像这样：

惟中兴十有一年，仲夏，庶邦百辟，咸会于王庭。柱国泰洎群公列将,罔不来朝。时乃大稽百宪,敷于庶邦,用绥我王度。①

然而这种模仿《周礼》的做法,仅是表面遵循《周礼》而已,实际的目的在于利用其名号,以暗合当时政治现状。也因为如此,西魏依《周礼》改变的官制,大致仅限于中央政府的文官,地方政府仍是郡县制,并未如周朝将大片土地用于封建诸侯。军制更是典型的例子,从表面看,以六柱国领军,是采用《周礼》的"天子六军"制度,但因未曾遵循周朝制度封建诸侯,故《周礼》中的"大(诸侯)国三军、次国二军、小国一军"制度也全无踪影。

等到宇文泰统治后期,西魏已经能够立定脚跟,以大致均等的力量与东魏—北齐抗衡后,官方典籍文书的体裁就渐渐回归南北朝的文体,初期模仿周诰的风格也渐渐消失。宇文泰死后,其子孙更不能奉行这种仿古的制度,北周时即已逐渐回归汉、魏制度,北周并吞北齐后,更采用了部分北齐的制度。总之,宇文泰依《周礼》改制,其实是一时的权宜之计,既非全面,也并未长久采用,这种表面文章,在阶段性任务达成后自然功成身退,宛如船过水无痕。

"中兴永式"与西魏施政纲领

宇文泰在西魏推动各方面的改制,其真正目的在建构关陇

---

① 这篇以西魏傀儡皇帝口吻发出的文告,出于苏绰手笔,是宣示官方标准文体的官样文章,请与《尚书·康诰》比对,不用翻译了。

集团与关中本位制度，扭转北魏孝文帝汉化以来的认同门阀的倾向，建立一个以民族融合、尚武、质朴等为领导原则的国家。为达成此目的，西魏政权建立后，立即颁布二十四条新法制，后又增加至三十六条，称为"中兴永式"。主要内容为：严禁贪污、裁减官员、置立正长①、实行屯田、制定计账②和户籍等制度。苏绰将其总结为六条原则：清心、敦教化、尽地利、擢贤良、恤狱讼、均赋役。宇文泰对此非常重视，以西魏皇帝名义颁行政府各级机构，作为施政纲领，并要求官吏学习，规定不通晓这六条及计账的人，不能当官。其实这些才是宇文泰施政的重点，所以西魏—北周能够转弱为强，制度面的原因在此，与依《周礼》改制并无多少关系。

西魏、北周的和亲外交政策

西魏、北周位于黄河中、上游地区，北与蒙古高原上的柔然、突厥，西与青海一带的吐谷浑接界。对于这两方强大的外族，西魏—北周政权采取和亲方式应对。由于西魏—北周政权披着将汉人胡化的外衣，以此为号召，其和亲外交推行顺利，也使西北方边境相对安静。

和亲外交著名的案例包括：西魏宗室千金公主出嫁突厥沙钵略可汗，西魏文帝元宝炬的两位皇后乙弗氏、郁久闾氏分别

---

① "正"即闾正、族正，"长"指保长。保、闾、族为地方基层组织名称。
② 预计次年赋役的概数，即国家收入预算。

来自吐谷浑与柔然,北周武帝的一位皇后阿史那氏则来自突厥。古代公主出嫁,随嫁人员甚多,从这几位外族皇后嫁来的事迹可以得知,必有相当数量的吐谷浑、柔然与突厥随嫁人员留在西魏、北周的宫廷与朝廷中。由此可见西魏—北周统治阶层中的胡人并不只限于鲜卑族,除当年五胡的后代外,还包括之后才加入中国历史的其他胡人族群。这使得这个政权的民族融合政策,更加名副其实。

西风压倒东风,北风压倒南风:南北朝终局

话说天下大势,合久必分,分久必合。

这是句老生常谈,大家耳熟能详,却适用于中国历史上四百年的魏晋南北朝时期。然而中国历史上的分与合有其特色,我们如果仔细观察魏晋南北朝的历史,将会发现,从184年起,东汉帝国的崩溃是非常迅速的。黄巾起事后不过几年时间,帝国内部就出现了几十股地方军阀的割据势力,中央政府瓦解,大分裂开始。此后的历史告诉我们,一旦原来统一的国家进裂成几十块,想要将这些碎片拼拼凑凑,缝缝补补,再变回一片,就会极度困难。这就可以解释为何东汉迅速崩溃以来,要花上四百年时间,才能见到隋唐。

分裂导致法律无用,秩序丧失,社会进入唯力、唯诈是视的原始丛林状态,人与人之间充满差异与冲突,而且冤冤相报,仇恨一代代累积。到这种地步时,要大家捐弃成见,放下仇恨,

忘掉"非我族类,其心必异",再度承认属于同类,合而为一,可想而知有多困难。所以分裂容易,统一难,而有可能弥平分裂鸿沟的,一是时间的沉淀,二是至少一部分人的觉悟。东汉帝国瓦解后的持续分裂与混乱中,曾出现几次统一的尝试,有的表面上已经成功,如西晋;有的也很接近成功,如前秦苻坚。但它们在时间沉淀与人心觉悟的条件上都不足,以致最终都失败了,而且失败后必然导致再次大分裂,也使分久必合的时间拖得更长。

在这个反复痛苦的过程中,南北朝(420—589年)的出现,代表四百年大分裂进行到一半以后,从分裂到再统一的漫长工作,终于已经进行到一半,表现为中国境内只剩两个政权。南北朝的历史进行到6世纪中叶时,中国北方因胡汉文化的差异,出现大分裂期间最后一次躁动与不安,开起历史的倒车,一分为二,东西对立。但也就因为对立起因于文化差异,一旦有一方参透玄机,以实际行动提倡族群融合,并以新文化为号召,则在团结之下,终能跳脱宿命,终结四百年的分裂,开创辉煌的未来。

南北朝的终局就在时间沉淀足够,关陇集团参透玄机之后来到。作为分裂动乱的时代,要结束它的基础固然在于文化,但执行层次仍离不开铁与血。关陇集团结束南北朝有两个步骤:第一步是经过北魏末年起的分裂后,由北周灭北齐从而统一北方;第二步是取代北周的隋朝消灭南方的陈而统一天下。这种过程可称为"西风压倒东风,北风压倒南风",亦即源自中国西北地区的新生力量，合并了东部与南方，结束了四百年的大分裂格局。因此在讨论到南北朝的终局时，必须回答为何是西风压倒东风，西部合并东部，北风压倒南风，北方合并南方。

北周胜北齐的原因

北魏自534年起分裂成东魏与西魏。东魏的实际当权者是高欢，西魏的实际当权者是宇文泰，双方皆以北魏的正统自居。东西魏分裂之初，东魏在领土、人口与资源各方面都处于优势，但经过43年的东西对抗后，577年，北齐却被北周所灭。依据吕春盛的研究，南北朝后期北方东、西对抗的过程中，双方力量的消长情形为：

534—554年：东魏、北齐优势。

555—573年：双方均势。

574—577年：北周优势。

北齐建国于550年，可见北齐建国后不久，其原有的优势就开始减退，这当然与皇帝高洋的转变有关，然而北齐篡东魏，是将高欢与东魏孝静帝保持十余年的微妙的政治平衡打破，从此北齐内部各种势力竞相争夺，造成皇室杀戮不断，胡汉矛盾凸显，权力转移的危机始终无法克服，内部力量互相抵消。北齐朝廷中，鲜卑人经常钳制汉人，然而山东汉人世族势力亦颇为庞大，故二者往往发生冲突，汉人即使无法以武力应对，也普遍消极抵抗。总之，北齐在皇族教养、政治权力分配、族群问题、文化认同问题等各方面都处理失当，遂促使其势力不断削弱，终于不敌北周。

北齐的统治者缺乏自觉，也没有发现当时新生力量可能出现的来源与开发应用的方法。这个皇朝对政治、社会事务的处理方式，仍是遵循魏晋南北朝四百年来的老套路：统治集团内部争权夺利，血腥斗争；国内实行九品中正制，将世家大族收入旗下，希望再通过他们控制全国，世族则持续维持既得利益，也有一定力量抗衡中央。在这种状态下，如果统治者本身清廉努力，则尚可维持，如北魏孝文帝时代，但若统治者纵欲胡为，则上行下效，将很快动摇国家基础，因为国之将亡时，以维持家族既得利益为先的世家大族显然不会关心国家前途。这样的国家，即使开始时拥有较好的立国条件，如土地广大，人口众多，经济发达等，但是政治、经济、社会条件一成不变，新生的力量无由出现，腐朽的中央无法更新，自然经不起无谓的消耗。

反观西魏—北周，艰困的环境促使统治者自我觉醒，统治集团不分胡汉互助合作，开发出新生力量，最终扭转局势，以弱胜强。宇文泰任用苏绰、卢辩等人进行改革，建构关中本位政策与关陇集团，将胡汉融为一炉，使统治阶层不分彼此，同心协力；又设置府兵制，建立职业军人系统，维持尚武精神；更以继承周朝为文化上的号召，巧妙兼顾胡汉文化，使全国上下团结，充满新气象，力量迅速累积。西魏—北周君臣的作为，说明国家的建设与发展必须先有开创性的蓝图，再配合具有道德观与责任感的执行者持续推动，方能成功。

第六章 合久必分，分久必合，一元复始，万象更新——北朝终篇

北周胜北齐的主要原因已如上述，但其成功还有许多条件的配合，诸如：

领导人

宇文氏内部争权杀戮也很激烈，但时间短、范围小，对国家影响不大。宇文泰与周武帝宇文邕都为人英明雄伟，努力从公，而且当政时间长，使西魏—北周有较长时期的稳定。北齐则有一半时间是疯狂或童骏的皇帝在位，对国家伤害极大。

宗教与经济

北周武帝曾经灭佛、灭道，使国家资产、税收、劳动力和兵力大增，国势强盛也与此有关。禁佛、禁道后，北周的僧尼、道士还俗者在三百万人以上，这个数字超过当时总人口的十分之一。北齐则上下崇佛成风，人口、土地与金钱大量流入寺院，影响到税收与兵源。

外交

西魏—北周外交灵活，先以和亲安抚柔然、吐谷浑，稳定后方；进攻北齐时又通过和亲请突厥助战，同时结好陈国，怂恿南陈出兵北伐，使北齐陷入三面作战的困境，可谓善于运用国际局势。

道教与谶纬的支持

东魏—北齐是鲜卑化政权，宗教政策受鲜卑本位主义影响，崇尚外来的佛教，压抑由汉人创造的道教。其境内的道教被迫

反抗，方式则是诉诸天命，利用秦汉以来具有悠久历史的谶纬预言，频频发出对北齐不利的预测，这对饱受鲜卑压迫的低层汉人影响不小。

姜望来对此的研究指出，原来西魏—北周自我认定在五行系统中属于水德，国家颜色为黑色；高洋篡东魏建北齐，认为北齐在五行系统中属于木德，将国家颜色定为赤色，即火的颜色，取"木生火"之意。然而五行系统中水克火，于是就给了道士们制造谶纬的机会，出现"亡高者黑衣"的"黑衣之谶"，流布于天下，矛头直指高氏政权与佛教，预言他们必被西魏—北周所灭，道教则随之压倒佛教。高洋篡东魏建北齐，开国年号为"天保"，不久就有流言：

天保之字，为一大人只十，帝其不过十乎。①

这种拆字游戏是谶纬的惯用手法，可见北齐政权之不得汉人民心，宇文氏政权则正好加以利用。

北方胜南方的原因

中国北方被起自西北的新生力量统一后，南朝自然岌岌可危，其命运也走到尽头。南朝的人口数量与经济能力本来就远不及北方，而且传统作风更强，世家大族的地位比北方更加巩

---

① 天保这两个字，是"一""大""人""只""十"，皇帝大概不会超过十年吧！

第六章 合久必分，分久必合，一元复始，万象更新——北朝终篇

固，加以曾饱受侯景之乱的破坏，难以恢复，显然更无法对抗甫经统一、锐气正盛的北方，故即使没有陈后主，陈也势必被隋所灭。

当6世纪中期中国西北地区胡汉融合，出现充满朝气的新生力量后，魏晋南北朝四百年的历史，便注定在西风压倒东风、西部合并东部，北风压倒南风、北方合并南方中走入终局。

终篇语

故事钩沉得几行，残篇古迹望苍茫。
风流原是南朝梦，肃杀应推北国章。
粉墨轮流悲起落，干戈激荡叹兴亡。
君知两卷当年史，多少芜城映夕阳。

我们对南北朝的探访在此告一段落。作者谨以这首诗与诸位读者共同回顾这段历史，希望参与这次探访的诸君，在深刻玩味、体会南北朝历史后会发现，历史的真相比想当然的小说、戏剧精彩千万倍，其启发性与应用性也比小说、戏剧高千万倍。在这传播工具高度发展、充斥虚幻的"历史故事"的时代，举世滔滔中，真实历史、深度历史的魅力，仍然永远在呼唤着我们。

后　记

　　1973年初夏，我是台湾大学历史研究所硕士班二年级的学生，我很彷徨，所以去见林瑞翰老师、逯耀东老师。

　　在史书里我读到，东晋偏安江南时，曾几次尝试北伐，但皆未成功。我也读到当时从北方逃到南方的家族称为"侨姓"，南方本地家族称为"吴姓"；控制政治、经济、社会与文化的是世家大族，包括侨姓与吴姓，较低阶层的人被称为"寒门""寒素"或"小姓"；政府官员里还有文官、武将之分。既然以上各种人依晋朝政府流亡到南方的时间，都可以区分为第一代、第二代、第三代，等等，那么不同身份与世代的东晋人士，对北伐的看法与做法，究竟有什么差别？例如第二代以后的侨姓世族还会坚持北伐吗？身为吴姓寒门的武将也会自愿到北方作战吗？

　　我知道本来想命名为《东晋的北伐之议》的这篇毕业论文可能惹来麻烦，却实在喜爱这个构想，舍不得放弃，只得抱着困惑，去请教那时曾在台大历史系开过魏晋南北朝史课程的两位老师：林瑞翰先生与逯耀东先生。

　　林老师首先答应指导我这个不用功的学生。但他随即指出，我的程度太差,基本功不足,要我把整部《晋书》与相关年代的《资治通鉴》点读过,才能谈到研究。接着他又表示,为使论文的内容充实,写作顺利,并避免可能遭遇到的政治风险,应该将研究范围扩大到整个晋朝的世族政治,从西晋写到东晋,还要带到一部分南朝。治学严谨、为人方正、不苟言笑的林老师那天的话有点严厉。但我告辞出来时如释重负,因为我知道,林老师已经以他的学术与人生经验,为我的构想指点出一条实际可行之路。

第二天我去找逯老师。听完我的叙述后,逯老师深深点头,他告诉我:"林老师训你训得对,你要做完基本功。这个题目可以写,可是要很小心。"接着逯老师起身,打开一座书柜,搬出一排书,从后面拿出两本书,郑重递给我,对我说:"这是大陆史学界最新的研究晋朝的书,我从香港回来的时候,藏在衬衫底下带进来的。你要好好看,虽然不见得同意,也要注意他们的看法。"那是我第一次看简体字的书,果然被逯老师料中,书中的看法我不能完全同意,却使我眼界大开,发现也可以用这种角度看历史,了解到研究任何问题,必须先认识他人已有的研究成果。

经过林、逯两位老师共同指导,我的论文终于写成,也顺利毕业。我的论文题目叫作《两晋世族政治发展演变》,是个充满学术气氛、绝不起眼的名字,果然没有引起什么注意。

服完兵役后我投入新闻界工作,因缘际会担任过多种职务,有了一些人生阅历后,才体会到当年的肤浅与莽撞,也才更深深感念我的两位指导老师。第一天林老师严格要求我，使我了解原始资料在历史研究中绝对重要的地位，还以四两拨千斤的高明远见，化解可能的政治风险于无形；第二天逯老师毫不犹豫地把当时犯忌的简体字书，借给第一次请他指导论文，还并不熟悉的一个学生，正显出在那样的一种环境里，他坚持客观学术研究，尽力指导史学后进的努力，与他对我这样一个学生的人格的完全信任。

林老师、逯老师皆已仙逝，他们当年教导我史法，更以身作则显示我世法，他们是经师，更是人师，历史学的研究精神与风格，就如此传承下来。如今我居然也在台北市长官邸艺文沙龙、洪建全教育文化基金会敏隆讲堂等处讲授过魏晋南北朝史，距离最早修习林老师的魏晋南北朝课程，竟已整整50年。50年间我踏过的歧路众多，终于未曾亡失魏晋南北朝历史之羊，如今这部南北朝史书在我古稀之年出版，或许终于可以告慰二位恩师教诲我、保护我的苦心于万一。

叶言都于台北

附录一
参考资料

［唐］李延寿 《北史》

［北魏］崔鸿 《十六国春秋》

［北宋］郭茂倩 《乐府诗集》

［北齐］魏收 《魏书》

［唐］李延寿 《南史》

［唐］李百药 《北齐书》

［北宋］司马光 《资治通鉴》

丘秀芷 《柏庄诗草、药帖：邱先甲、丘逢甲、丘念台遗墨汇集》

［北魏］杨衒之 《洛阳伽蓝记》

［北魏］郦道元 《水经注》

［北魏］贾思勰 《齐民要术》

［唐］令狐德棻 《周书》

［唐］释道宣 《续高僧传》

敦煌研究院敦煌石窟公共网

云冈石窟旅游网

［日本］平凡社 《书道全集 6 中国 6　南北朝 Ⅱ》

［北齐］颜之推 《颜氏家训》

［后晋］刘昫 等 《旧唐书》

［唐］魏徵 《隋书》

［唐］李商隐 《李义山诗集》

陈寅恪 《隋唐制度渊源略论稿》《唐代政治史述论稿》《李唐氏族推测之后记》

姜望来 《谣谶与北朝政治研究》

附录二
南北朝历史大事年表

公元纪年	南朝纪年	北朝纪年	历史事件
420	东晋元熙二年 刘宋永初元年	北魏泰常五年	宋武帝刘裕篡晋建南朝宋,东晋亡,南朝开始。
422	刘宋永初三年	北魏泰常七年	宋武帝死,少帝继位。
423	刘宋景平元年	北魏泰常八年	北魏明元帝死,太武帝继位。
424	刘宋景平二年 元嘉元年	北魏始光元年	宋少帝被大臣所杀,文帝继位。寇谦之建北天师道。
426	刘宋元嘉三年	北魏始光三年	宋文帝杀徐羡之等大臣,亲政,整顿吏治。
427	刘宋元嘉四年	北魏始光四年	北魏攻陷胡夏首都统万城。
430	刘宋元嘉七年	北魏神䴥三年	刘宋北伐失败。
433	刘宋元嘉十年	北魏延和二年	宋文帝杀谢灵运。
436	刘宋元嘉十三年	北魏太延二年	北魏灭北燕。
437	刘宋元嘉十四年	北魏太延三年	北魏通西域。
438	刘宋元嘉十五年	北魏太延四年	刘宋开办儒、玄、史、文四学。
439	刘宋元嘉十六年	北魏太延五年	北魏灭北凉,统一北方,十六国时期结束,北朝开始。
440	刘宋元嘉十七年	北魏太平真君元年	北魏太武帝皈依道教。

续表

公元纪年	南朝纪年	北朝纪年	历史事件
443	刘宋元嘉二十年	北魏太平真君四年	北魏派员至大兴安岭嘎仙洞祭祀祖先，铭刻祝文。
446	刘宋元嘉二十三年	北魏太平真君七年	北魏太武帝禁佛教。
450	刘宋元嘉二十七年	北魏太平真君十一年	北魏南征，攻至长江边。北魏杀崔浩及汉人世族。
452	刘宋元嘉二十九年	北魏正平二年 承平元年 兴安元年	北魏太武帝被宦官宗爱所杀，宗爱立拓跋余为帝，后又杀之，大臣杀宗爱，立文成帝。
453	刘宋元嘉三十年	北魏兴安二年	宋太子刘劭弑文帝自立，孝武帝击灭刘劭继位。
460	刘宋大明四年	北魏和平元年	云冈石窟开凿。
462	刘宋大明六年	北魏和平三年	祖冲之制定《大明历》。
464	刘宋大明八年	北魏和平五年	宋孝武帝死，前废帝继位。
465	刘宋永光元年 景和元年 泰始元年	北魏和平六年	北魏文成帝死，献文帝继位。刘宋刘彧弑前废帝，即位为明帝。
466	刘宋泰始二年	北魏天安元年	北魏冯太后开始当政。
471	刘宋泰始七年	北魏皇兴五年 延兴元年	宋明帝大杀皇室亲属。北魏献文帝传位孝文帝。
472	刘宋泰豫元年	北魏延兴二年	宋明帝死，后废帝继位。
476	刘宋元徽四年	北魏延兴六年 承明元年	北魏冯太后毒死太上皇献文帝。
477	刘宋元徽五年 升明元年	北魏太和元年	宋后废帝被杀，萧道成立顺帝继位。
479	刘宋升明三年 南齐建元元年	北魏太和三年	齐高帝萧道成篡刘宋，建南齐，刘宋亡。

续表

公元纪年	南朝纪年	北朝纪年	历史事件
482	南齐建元四年	北魏太和六年	齐高帝死,武帝继位。
484	南齐永明二年	北魏太和八年	北魏推行班禄制。
485	南齐永明三年	北魏太和九年	北魏推行均田制。
486	南齐永明四年	北魏太和十年	北魏推行三长制、租庸调制。
487	南齐永明五年	北魏太和十一年	北魏破柔然。
490	南齐永明八年	北魏太和十四年	北魏冯太后死,孝文帝亲政。
493	南齐永明十一年	北魏太和十七年	齐武帝死,废帝郁林王继位。北魏孝文帝推动迁都计划。
494	南齐隆昌元年 延兴元年 建武元年	北魏太和十八年	南齐萧鸾连废郁林王、海陵王二帝,即位为明帝。北魏迁都洛阳,改革衣冠。
495	南齐建武二年	北魏太和十九年	北魏以汉语为国语,南征。
496	南齐建武三年	北魏太和二十年	北魏皇室改姓元,太子私逃被废杀。
498	南齐永泰元年	北魏太和二十二年	齐明帝死,东昏侯继位。北魏孝文帝南伐,败南齐。
499	南齐永元元年	北魏太和二十三年	北魏孝文帝死,宣武帝继位。
501	南齐永元三年 中兴元年	北魏景明二年	萧衍起兵,立齐和帝,东昏侯被杀。
502	南齐中兴二年 南梁天监元年	北魏景明三年	梁武帝萧衍篡齐,建南梁,南齐亡。
504	南梁天监三年	北魏正始元年	梁以佛教为国教。

续表

公元纪年	南朝纪年	北朝纪年	历史事件
506	南梁天监五年	北魏正始三年	梁北伐失败。《与陈伯之书》写作。
507	南梁天监六年	北魏正始四年	梁范缜著《神灭论》。 梁大破北魏军。
510	南梁天监九年	北魏永平三年	北魏铸五铢钱。
512	南梁天监十一年	北魏永平五年 延昌元年	北魏废除"母死子贵"制度。
515	南梁天监十四年	北魏延昌四年	北魏宣武帝死,孝明帝继位,胡太后掌权。
516	南梁天监十五年	北魏熙平元年	梁所建浮山堰崩溃。
523	南梁普通四年	北魏正光四年	六镇之变,破六韩拔陵起事。
525	南梁普通六年	北魏孝昌元年	柔然出兵助北魏,六镇之变结束,河北民变开始。
527	南梁普通八年 大通元年	北魏孝昌三年	梁武帝舍身同泰寺。 郦道元完成《水经注》。 达摩见梁武帝。
528	南梁大通二年	北魏武泰元年 建义元年 永安元年	北魏胡太后杀孝明帝,立幼主,尔朱荣起兵,攻入洛阳。 河阴之变,尔朱荣杀胡太后、幼主、大批官员,立孝庄帝。 南梁派陈庆之北伐,克洛阳。
529	南梁大通三年 中大通元年	北魏永安二年	梁武帝第二次舍身同泰寺。 尔朱氏反攻,南梁北伐失败。
530	南梁中大通二年	北魏永安三年 建明元年	北魏孝庄帝杀尔朱荣等,尔朱兆杀孝庄帝,立长广王。
531	南梁中大通三年	北魏建明二年 普泰元年 中兴元年	尔朱兆杀长广王,立节闵帝,高欢立安定王为帝对抗。

续表

公元纪年	南朝纪年	北朝纪年	历史事件
532	南梁中大通四年	北魏中兴二年 太昌元年 永兴元年 永熙元年	高欢平定尔朱氏，杀节闵帝、安定王，立孝武帝。
534	南梁中大通六年	北魏永熙三年 东魏天平元年	北魏孝武帝被高欢击败，逃往关中投奔宇文泰，被杀。高欢立孝静帝，东魏开始，北魏因分裂而结束。
535	南梁大同元年	东魏天平二年 西魏大统元年	宇文泰立西魏文帝，西魏开始，与东魏开始长期作战。西魏苏绰制定户籍法、记账法。
537	南梁大同三年	东魏天平四年 西魏大统三年	东、西魏沙苑大战，宇文泰击败高欢。
538	南梁大同四年	东魏元象元年 西魏大统四年	西魏与柔然和亲。
543	南梁大同九年	东魏武定元年 西魏大统九年	邙山之战，东魏大败西魏。
544	南梁大同十年	东魏武定二年 西魏大统十年	西魏苏绰制定六条诏书。东魏检括户口。
545	南梁大同十一年	东魏武定三年 西魏大统十一年	东魏高欢娶柔然公主。西魏苏绰仿《尚书》文体作《大诰》。
546	南梁大同十二年 中大同元年	东魏武定四年 西魏大统十二年	梁武帝第三次舍身同泰寺，赎金2亿钱。
547	南梁中大同二年 太清元年	东魏武定五年 西魏大统十三年	高欢死，高澄继承，幽禁东魏孝静帝。梁武帝第四次舍身同泰寺。

续表

公元纪年	南朝纪年	北朝纪年	历史事件
548	南梁太清二年	东魏武定六年 西魏大统十四年	侯景叛梁，攻入建康，围台城。 真谛至建康。
549	南梁太清三年	东魏武定七年 西魏大统十五年	侯景攻破台城，梁武帝死，侯景立梁简文帝。 东魏高澄遇刺死，高洋继承。
550	南梁太清四年 大宝元年	东魏武定八年 北齐天保元年 西魏大统十六年	北齐文宣帝高洋篡东魏，建北齐，东魏亡。 西魏行府兵制。
551	南梁大宝二年 天正元年	西魏大统十七年 北齐天保二年	侯景废杀简文帝，立豫章王，后篡位称帝，国号汉。萧绎自立为元帝。 西魏文帝死，废帝继位。
552	南梁承圣元年	西魏废帝元年 北齐天保三年	陈霸先等击侯景，侯景败死。
554	南梁承圣三年	西魏废帝三年 恭帝元年 北齐天保五年	西魏宇文泰废杀废帝，立恭帝。 西魏攻破江陵，俘梁元帝，占领荆州。梁元帝城破前大举焚书。颜之推被俘北去。 西魏皇帝复姓拓跋。
555	南梁承圣四年 绍泰元年	西魏恭帝二年 北齐天保六年	陈霸先立梁敬帝。 西魏立萧詧为帝于江陵，后梁开始。 北齐灭道教。
556	南梁绍泰二年 太平元年	西魏恭帝三年 北齐天保七年	西魏仿《周礼》设六官。 宇文泰死，宇文觉继承，宇文护掌权。

续表

公元纪年	南朝纪年	北朝纪年	历史事件
557	南梁太平二年 南陈永定元年	北齐天保八年 北周孝闵帝元年 明帝元年	北周孝闵帝宇文觉篡西魏，建北周，西魏亡，北魏相关政权全部终结。 北周宇文护废杀孝闵帝，立明帝。 陈武帝陈霸先篡梁，建陈朝，南梁亡。
559	南陈永定三年	北齐天保十年 北周武成元年	陈武帝死，文帝继位。 北齐文宣帝死，废帝继位。
560	南陈天嘉元年	北齐乾明元年 皇建元年 北周武成二年	北周宇文护弑明帝，立武帝。 北齐孝昭帝废杀废帝称帝。
561	南陈天嘉二年	北齐皇建二年 太宁元年 北周保定元年	北齐孝昭帝死，武成帝继位。
565	南陈天嘉六年	北齐河清四年 天统元年 北周保定五年	北齐武成帝传位后主。
566	南陈天康元年	北齐天统二年 北周天和元年	陈文帝死，废帝继位。
568	南陈光大二年	北齐天统四年 北周天和三年	陈宣帝废杀废帝继位。 北齐太上皇武成帝死。
572	南陈太建四年	北齐武平三年 北周天和七年 建德元年	北周武帝杀宇文护等，开始亲政。
573	南陈太建五年	北齐武平四年 北周建德二年	北齐后主杀兰陵王。 陈派吴明彻北伐，败北齐，取淮南地区。
574	南陈太建六年	北齐武平五年 北周建德三年	北周武帝灭佛教，兼及道教。

续表

公元纪年	南朝纪年	北朝纪年	历史事件
575	南陈太建七年	北齐武平六年 北周建德四年	北周大举攻北齐。
577	南陈太建九年	北齐承光元年 北周建德六年	北齐后主传位幼主,北周灭北齐,俘后主、幼主、冯左皇后等,北方统一。 南陈北伐,败于北周,丧失淮南地区。
578	南陈太建十年	北周建德七年 宣政元年	北周武帝死,宣帝继位。 庾信作《哀江南赋》。
579	南陈太建十一年	北周大成元年 大象元年	北周宣帝传位静帝。
580	南陈太建十二年	北周大象二年	杨坚为北周摄政,封隋王。 北周太上皇宣帝死。
581	南陈太建十三年	大定元年 隋开皇元年	隋文帝杨坚篡北周,建隋朝,北周亡。 北朝结束。
582	南陈太建十四年	隋开皇二年	陈宣帝死,后主继位。
587	南陈祯明元年	隋开皇七年	隋灭后梁。
588	南陈祯明二年	隋开皇八年	隋以杨广统军大举攻陈。
589	南陈祯明三年	隋开皇九年	隋攻入建康,俘陈后主,陈亡。 南朝结束,南北朝结束,中国复归统一。